AF215004

Traum vom *intelligenten* Zuhause

Richard Tigges

Traum vom *intelligenten* Zuhause

Ratgeber zum
Local Control Network LCN

www.traumvomzuhause.de

Bibliografische Information der Deutschen Nationalbibliothek: Die Deutsche Nationalbibliothek verzeichnet diese Publikation in der Deutschen Nationalbibliografie; detaillierte bibliografische Daten sind im Internet über http://dnb.dnb.de abrufbar.

Tigges, Richard: Traum vom intelligenten Zuhause – Ratgeber zum Local Control Network LCN

© 2018 TOPTEXT Richard Tigges
2. Auflage

Herstellung und Verlag:
BoD – Books on Demand, Norderstedt

Unserer Umwelt zuliebe ist dieses Buch auf FSC®-zertifiziertem Papier gedruckt, das aus einer verantwortungsvollen Forstwirtschaft stammt.

ISBN: 978-3-7460-6096-5

Inhalt

- Licht schalten und dimmen
- LED Farbsteuerung direkt per Bus
- Unsichtbare Taster hinter Holz oder Fliesen
- Einsatz von Bewegungsmeldern
- Helligkeitsregelung
- über Transponder Nutzerberechtigungen erkennen
- der magische Türknauf als kapazitiver Tastsensor
- Audio-Anlage
- Lüftungsautomatik
- Wetterszenarien
- Heizungsregelung
- Räume und Gebäude überwachen, Alarmprogramme starten

Die Vision vom intelligenten Haus

Vorab ein Hinweis: Es gibt es **zwei Bücher** von mir zu diesem Thema: Dieses erste Buch wendet sich an Bauherren, Architekten und Elektriker, die wenig Erfahrung mit Bussteuerung besitzen und wissen wollen, was in der Planungsphase wichtig ist und welche Möglichkeiten es gibt. Ein zweiter Band enthält Experten-Tipps für LCN-Nutzer und Installateure – Schritt für Schritt erklärt.[1]

Ein Haus mit Bussystem! Aha...“- Wenn Sie vor wenigen Jahren noch einem Bekannten von ihren Plänen erzählten, dann mussten Sie unweigerlich mit diesem gewissen Unterton rechnen, der weniger Bewunderung als Unverständnis ausdrückt. Eine Spielerei des Bauherren, da möge er noch viel Spaß haben damit. Und wahrscheinlich für Jahre, denn irgendwas funktioniere ja doch nie, so das Urteil.

Doch es hat sich vieles verändert. Wer heute ein bisschen technisch interessiert und anspruchsvoll ist und nicht so leben will wie vor zwanzig Jahren, der kann heute für eine Investition von zwei- bis fünftausend Euro schon erste Intelligenz in seinem Einfamilienhaus realisieren. Sobald nicht nur eine einzelne Funktion wie Jalousie- oder Heizungssteuerung benötigt wird, sondern mehrere Gewerke auf einem Bus liegen, wird die Haussteuerung preis-

---

[1] **Traum vom *intelligenten* Zuhause – Band 2**
mit LCN-Programmierbeispielen, gepl. Erscheinungstermin Winter 2018/2019

günstiger als jede Insellösung. Je umfangreicher die Gebäudetechnik ist, desto stärker machen sich Kosteneffekte bemerkbar. In der Richtlinie für Elektroinstallationen in Deutschland[2] ist sogar vorgesehen, dass eine Neuinstallation bereits so ausgeführt werden soll, dass zumindest eine spätere intelligente Vernetzung erfolgen kann. Energieeffizienzmaßnahmen und Gebäudesystemtechnik werden darin empfohlen. Die Richtlinie unterscheidet dabei in den Funktionsbereichen „Schalten und Dimmen", „Sonnenschutz", „Sicherheit", „Heizen, Lüften, Kühlen" sowie „schaltbare Steckdosen/Energiemanagement".

Energieoptimierende Effizienztechnologien halten in Bürogebäuden, Hotels und Privathäusern Einzug, denn das „intelligente Haus" stellt auch eine Chance dar, der Endlichkeit der Ressourcen und steigenden Energiepreisen wirksam zu begegnen. Nicht erst seit dem Atomausstiegs-Moratorium der deutschen Bundesregierung im Jahr 2011 und der folgenden Regierungserklärung zur Energiewende in Deutschland fordert der Gesetzgeber zum bewussten Umgang mit Strom und Heizenergie auf. Auch die Selbstverpflichtung der internationalen Staatengemeinschaft, den Ausstoß des klimaschädlichen CO_2 drastisch zu reduzieren, hat in vielen Ländern Energiesparprogramme bewirkt. Es tut sich was!

---

[2] Herausgeber der Richtlinie **RAL-RG 678** ist RAL – Deutsches Institut für Gütesicherung und Kennzeichnung. Die Richtlinie definiert Ausstattungsstandards der Elektroinstallation. Die neueste Fassung vom März 2011 berücksichtigt auch effiziente Energieanwendung. Gebäudesystemtechnik soll heute gemäß der Industrienorm DIN 18015-4 bei Neuinstallationen zumindest mit Leerrohren vorbereitet werden.

Und welcher ideenreiche Bauherr käme nicht auf den Geschmack, seine Nebenkosten so zu senken, dass sich das spürbar im Geldbeutel bemerkbar macht – und ganz nebenbei der Nachhaltigkeit als dem neuen Gebot der Stunde gerecht wird?

Bussysteme zur Gebäudesteuerung liegen auch technologisch voll im Trend. Im Jahr 2020 werden 80 Milliarden Gegenstände auf der Erde miteinander vernetzt sein[3]. Mit dem Internet of Things, dem neuen Internet der Dinge und Dienstleistungen, bekommen alle relevanten Objekte eine eigene IP-Adresse als ihre „Hausnummer" im Internet, über die sie mobil (und natürlich auch immobil) erreichbar sind. Was liegt da näher, auch Licht, Verbraucher, Fenster, Türen, Heizung und vieles mehr so miteinander zu vernetzen, dass sie sich an die Lebensgewohnheiten der Haus-Bewohner anpassen und bedarfsgerecht aktiviert und deaktiviert werden können?

Erfahren Sie in diesem Buch, was ein Endkunde mit LCN sehen und erleben kann. Verschaffen Sie sich als Elektriker einen Überblick, wie Sie das Bussystem planen und wie einfach es zu installieren ist. Und für Architekten und Bauträger von Großprojekten sind wir auch den Grenzen der Leistungsfähigkeit auf der Spur: wie schnell sind die gängigen Systeme, wie leistungsfähig und wie kombinierbar mit anderen Drittsystemen.
Wir leben im Zeitalter der Generation „Touchpad", in der Kleinkinder schon gar nicht mehr wissen, wie

---

[3] Studie des europäischen Telekommunikations-Instituts **IDATE** vom September 2013

man eine Zeitung umblättert – so sehr lässt sich die mediale Wirklichkeit interaktiv mit ein paar lässigen Wischbewegungen bedienen. Die tastaturlosen Endgeräte mit ihrer spielerischen Natur haben in den Umgang mit Elektronik eine Leichtigkeit gezaubert, die auch vor Senioren nicht halt macht.

Die mobile Kommunikation hat ihr Übriges getan und weckt von Woche zu Woche neue Wünsche, was der mobile Mensch von heute damit realisieren kann. Es gilt der neue Grundsatz „Alles, jederzeit und überall". Wir Verbraucher sind es zunehmend gewohnt, all unsere Daten immer bei uns zu haben und alle möglichen Produkte und Dienstleistungen von unterwegs aus ordern zu können.

„Ach, da könnte ich ja meine Sauna auf dem Weg vom Skifahren nach Hause schon einschalten" – oder: „Wenn ich mal fürchte, das Bügeleisen angelassen zu haben, könnte ich das dann aus der Ferne ausschalten?" Die Phantasie des mobilen Menschen kennt keine Grenzen mehr. Und der Lösungsraum der Technik offenbar auch nicht.

Dem steht das tradierte Konzept von „Schalter schaltet Lampe ein" diametral gegenüber, das seit den ersten Elektroinstallationen um 1890 verfolgt wird. Der festverdrahtete Weg zwischen dem Schalter in der Wand bis zur Hängelampe wenige Meter entfernt darf getrost als Relikt der alten Zeit gelten, in der man noch froh über eine Wechselschaltung zu sein hatte, mit der man ein Licht abwechselnd von der einen oder der anderen Stelle des Raums ein- und ausschalten konnte.

So viel vorweg, mit einem Bussystem wird alles anders: Komfort, Effizienz, Flexibilität, Sicherheit und Zukunftsfähigkeit. Die Beweggründe für ein Bussystem mögen unterschiedlich sein:

- **Komfort steigern** durch Vernetzung
- **Energie sparen** durch Regeln von Licht und Heizung
- **Mehr Flexibilität erlangen**, unter anderem durch Kontrolle über das eigene Haus auch aus der Ferne
- **Sicherheit erhöhen** bei An- und Abwesenheit
- **Zukunftsfähigkeit** besitzen durch Anpassen der Funktionen an künftige Bedürfnisse

Diese fünf Dimensionen werden uns in diesem Buch über das „intelligente Haus" begleiten.

Worin liegt nun der **Komfortgewinn** für die Bewohner eines intelligenten Hauses?

- Alles lässt sich auf Wunsch von einem einzigen Platz im Haus fernsteuern.
- Sie können Funktionen zusammengefasst mit nur einem Knopfdruck auslösen, etwa beim Heimkommen das Licht auf einer Etage auf genau die Dimmwerte einstellen, die Ihnen am frühen Abend angenehm sind.
- In den meisten Räumen werden Sie dank der Präsenzmelder künftig ihre Beleuchtung nicht mehr selbst ein- und ausschalten müssen.

- Wenn Sie nach einiger Zeit in den eigenen vier Wänden festgestellt haben, welche Lebensgewohnheiten Sie haben, können Sie dem Bussystem Routine-Arbeiten wie Licht- oder Heizungssteuerung übertragen – von Wochentag zu Wochentag verschieden.
- Und als höchste Stufe des Komforts definieren Sie äußere Umstände, auf die das Haus reagieren soll. Beispielsweise das Beschatten Ihrer Südfassade bei starkem Sonneneinfall ab einer gewissen Innentemperatur und das Einfahren der Markisen bei zu starkem Wind. Ein intelligentes Haus denkt für Sie mit.

Damit liegt auf der Hand, wie Sie mit einem Bussystem enorm viel **Energie sparen** können.

- Während ein Bewohner immer wieder vergisst, Verbraucher auszuschalten, achtet der Bus peinlichst genau darauf, Strom und Heizenergie zu sparen.
- Im Badezimmer, im Flur oder vor dem Haus geht das Licht beispielsweise nur an, wenn Bewegung registriert wird. Nach einer festgelegten Zeit schaltet das System die Verbraucher wieder ab.
- Die Verbindung aus Sensoren und Aktoren schafft ein Effizienz-System, das nur so viel Energie nutzt, wie aktuell nötig ist (Licht- und Temperaturverhältnisse)

- Wer seine Fenster mit Sensoren wie z.B. Reedkontakten[4] ausgestattet hat, kann die Heizkörper in dem Raum ausschalten, solange die Fenster geöffnet sind. Der Mensch ist dafür erfahrungsgemäß zu träge. Das Sparpotenzial ist jedoch enorm.
- Dank der Fernsteuerbarkeit können Sie getrost die Heizung auf Dauer-Nachtabsenkung schalten, auch wenn Sie nicht wissen, wann Sie aus dem Winterurlaub zurückkehren. Auf der Rückreise aktivieren Sie die Heizung per Smartphone.

Damit sind wir beim Aspekt **Flexibilität** angelangt. Die Kontrolle aus der Ferne macht die Immobilie zu einem Teil unseres mobilen Lebens. Konstellationen werden möglich, die früher undenkbar waren:

- Angenommen, gute Freunde kommen eine halbe Stunde vor Ihnen bei Ihrem Haus an. Als guter Gastgeber betätigen Sie die Fernöffnung, schalten das Licht ein und aktivieren das Internetradio mit stimmungsvoller Musik.
- Für den Paketboten können Sie eine große Paketbox in die Säule neben der Einfahrt integrieren. Ein Schließkontakt signalisiert Ihnen abends beim Heimkommen, dass der Deckel zur Box geöffnet wurde,

---

[4] **Reedkontakte** sind Kontaktzungen aus Eisen-Nickel-Legierung, die ein Magnetfeld schließt. In den Fensterrahmen wird ein Reedkontakt eingebaut, in den beweglichen Fenster-Teil ein Magnet. Das offene Fenster unterbricht den Stromfluss.

- Sie lassen nach ein paar Jahren eine Trennwand in einen großen Raum einziehen. Binnen weniger Minuten haben sie die Taster an die neue Wohnsituation angepasst.

Ein wichtiger Aspekt eines intelligenten Hauses ist der Schutz vor ungewollten Gästen. Sie können damit bei An- und Abwesenheit die **Sicherheit** erhöhen.

- Wenn Sie das Haus verlassen wollen, teilt Ihnen das System mit, ob alle Fenster und Türen geschlossen sind. Dadurch wird ihr geliebtes Heim zum sicheren „Fort Knox". Außerdem verhindern Sie, dass es unbemerkt zum Beispiel durch ein Dachfenster ins Haus regnet.
- Wenn Sie dem Haus mitgeteilt haben, dass sie es verlassen haben, dürften Ihre Bewegungsmelder und Fenster/Türkontakte eigentlich nichts mehr registrieren, bis Sie heimkommen. Wird dennoch eine Bewegung festgestellt, muss es sich um ungewollten Besuch handeln.
- In diesem Fall können Lichter eingeschaltet und Sound aktiviert werden. Das dürfte jeden noch so hart gesottenen Einbrecher in die Flucht schlagen.
- Gleichzeitig wird Ihnen eine Meldung auf Ihre Mobiltelefone ausgegeben. Sie können sofort die Polizei verständigen und sich über die installierten Webcams aus der Ferne selbst ein Bild vom Geschehen machen.

Und abschließend will ich auch die **Zukunftsfähigkeit** herausstellen. Wer anfangs nur wenige Funktionen benötigt, legt dennoch bereits den Grundstein für ein ausbaufähiges, intelligentes System. Im Gegensatz zu einer herkömmlichen Elektro-Installation können Sie ein Bussystem jederzeit an veränderte Bedürfnisse oder neue Wohnsituationen anpassen:

- durch Installieren neuer Sensoren oder Aktoren[5]
- durch das Programmieren einer neuen Logik
- oder durch das Entwickeln einer neuen Bedienoberfläche.

An dieser Stelle muss auch gesagt werden, dass wir heute eine neue Generation an Elektroinstallateuren haben, die ihren Kunden mehr bieten wollen als Strom und mit der Informationstechnik nicht mehr auf Kriegsfuß stehen. Hinzu kommt, dass die Lösungen für Haussteuerung zum Teil so installations- und bedienerfreundlich geworden sind, dass sie im Grunde kein Hexenwerk mehr darstellen.

Ich habe zu Beginn meiner Recherchen für dieses Buch eine Reihe von Systemen am Markt verglichen und die „Smart Home"-Aktivitäten von Amazon, Google und Apple genauso verfolgt wie das Digitalstrom-Konzept aus der Schweiz, die Enocean-Initiative mit kabellosen Tastern und das so genannte KNX-Bussystem. Letztlich bin ich auf das (auf den ersten Blick) kleine, unbeugsame „gallische

---

[5] **Aktoren** führen die gewünschte Handlung aus

Dorf"[6] unter den Anbietern gestoßen und habe es für mich entdeckt: LCN steht für Local Control Network. Der Hersteller von LCN ist das Unternehmen Issendorff KG – wendig, innovativ und dabei nicht nur mutig, sondern auch erfolgreich. Auf den Firmengründer Professor Eberhard Issendorff als Persönlichkeit komme ich später noch zu sprechen. So viel vorweg: Er ist ein Möglichmacher.

Es gibt zwar rund 300 KNX[7]-Anbieter, doch viele von ihnen haben nur ein einziges Produkt. Auch ganz große Weltunternehmen sind darunter, bei denen Gebäudesystemtechnik jedoch nur ein Thema von vielen ist. Das KNX-Konsortium störte sich irgendwann daran, dass LCN-Kunden die EIB/KNX-Taster ebenfalls nutzen konnten – und teilweise noch mehr Funktionen damit herausholten als KNX-Nutzer. So gab es plötzlich einen KNX-Taster mit integriertem Busankoppler – und der war nur noch mit KNX zu betreiben. Das rief die Issendorff KG auf den Plan. Deshalb sind seit 2009 schicke LCN-Glastaster auf dem Markt.

LCN versteht sich als Vollanbieter bei diesem Thema, der offen sein will für die anderen Welten, sei es

---

[6] Falls Sie das kleine gallische Dorf nicht kennen: Im Comic „**Asterix**" leben die Hauptfiguren in einem solchen Dorf, das sich mit Hilfe eines Zaubertranks gegen alle Unterwerfungsversuche der römischen Besatzer erfolgreich zur Wehr setzt.
[7] **KNX** ist ein offener Standard, der die Stromversorgung und Gerätesteuerung in zwei Netze getrennt hat. Im Konsortium sind Firmen wie Albrecht Jung, Gira, Bosch Telecom, Delta Dore, Électricité de France, Electrolux, Hager Group, Merten oder Siemens Building Technologies vertreten.

Enocean, sei es KNX, modbus oder bacnet. Gerade bei Großprojekten ist diese Möglichkeit gelegentlich gefragt, LCN an ein bestehendes System anzubinden und es so aufzuwerten.

LCN ist mit einem Vierteljahrhundert Firmengeschichte erwachsen und emanzipiert sich mit seinen inzwischen 50 Mitarbeitern als Marke von seiner Gründerfigur. Die Produktion ist an Subunternehmer ausgelagert, das Unternehmen konzentriert sich voll auf Entwicklung, Endmontage, Qualitätssicherung und Vertrieb.

Als Journalist ohne größere Vorkenntnisse im Bereich Elektrotechnik habe ich im Jahr 2014 zunächst sieben Schulungstage bei der Handwerkskammer Niederbayern-Oberpfalz verbracht, der ich an dieser Stelle meinen herzlichen Dank für die großartige Unterstützung meines Projekts aussprechen möchte. Aus gutem Grund werden dort nur Elektrofachkräfte zu Seminaren über Bussteuerung zugelassen, die entsprechendes Vorwissen über den sicheren Umgang mit höheren gefährlichen Spannungen besitzen.

Ich konnte mich diesbezüglich auf meinen Vater verlassen, der die elektrische Installation meines Neubaus streng nach den Regeln seines Lehrberufs durchführte. So konnte ich mich auf das Programmieren des Bussystems stürzen – oder wie der Fachmann sagt: auf das Parametrieren der Module, denn eine Programmiersprache muss man nicht dafür erlernen.

Für ein paar hundert Euro gibt es einen Musterkoffer, mit dem man sich als Elektrofachmann sehr schnell einen Eindruck davon verschaffen kann, wie einfach die Module anzuschließen und einzubauen sind. Wichtigste Erkenntnis: LCN ist vom Elektriker programmierbar; sie brauchen keinen Systemintegrator einzuschalten. Mit ein bisschen Geschick können Sie ihre Haus-Intelligenz als Hausbewohner selber pflegen und über die Jahre weiter entwickeln.

Was sind Erfolgsfaktoren eines Bussystems?

- **technologisch** umfassend, um möglichst viele Gewerke im Gebäude zu integrieren
- **skalierbar**, denn die Bedürfnisse sind von Mensch zu Mensch und von Jahr zu Jahr verschieden
- dem **Lifestyle** der Nutzer entsprechend: den einen ist stimmungsvolle Beleuchtung wichtig, die anderen lieben Hörgenuss vom Feinsten oder sind Hightech-Freaks
- **finanziell** tragfähig. Je niedriger die Einstiegshürde, desto schneller verbreitet sich der Traum vom intelligenten Zuhause in der Bevölkerung

Es gibt also viele Gründe. Steigen wir tiefer ein!

Verteilte Intelligenz:
Bus ohne Zentrale

L assen Sie uns an dieser Stelle kurz innehalten: Was ist eigentlich ein **Bussystem**? Die Abkürzung BUS steht für Binary Unit System. Also ein binäres System, das mit Nullen und Einsern arbeitet, oder auf Neudeutsch: ein digitales Informations- und Steuerungssystem. Eine andere Herleitung ist vom englischen 'busbar' möglich, was soviel wie Sammelschiene bedeutet. Mehrere Komponenten sind diesem Bild zufolge auf einer Schiene montiert.

Laien erfreuen sich am vereinfachenden Vergleich mit einem Omnibus. Dieser Bus fährt seine vorgegebene Route ab und erreicht eine Haltestelle nach der anderen, an der die Fahrgäste (Busteilnehmer) je nach Bedarf ein- und aussteigen. Das erklärt grob die Funktionsweise einer Busleitung.

Auf Wikipedia lautet die Definition so:

> *„Ein Bus ist ein Leitungssystem mit zugehörigen Steuerungskomponenten, das zum Austausch von Daten und/oder Energie zwischen Hardware-Komponenten dient."*[8]

In anderen Worten handelt es sich bei einem Bus um ein Netz, in dem sich mehrere Teilnehmer über

---

[8] Wikipedia-Definition von "**Bussystem**", Stand: Dezember 2017

ein festgelegtes Protokoll miteinander „unterhal-ten", in dem sie Daten über Zustände und Messwer-te, Steuerbefehle und Status-Rückmeldungen so übermitteln, dass diese im gesamten Netzwerk für alle Teilnehmer verfügbar sind. Trifft eine Informa-tion auf den für sie bestimmten Empfänger, löst sie dort eine Aktion aus.

Dieses Prinzip wird heute in Flugzeugen und Auto-mobilen genauso eingesetzt wie im „intelligenten Haus". Das „vernetzte Automobil" reagiert heute auf Wettersituationen und Straßenverhältnisse, op-timiert den Energieverbrauch durch automatisches Abschalten von Verbrauchern, hat raffinierte Schließ- und Sicherheits-Mechanismen und verar-beitet auch digitale Informationen aus der Außen-welt, von Ampelphasen bis Daten zum öffentlichen Nahverkehr.

Das Bus-Prinzip vernetzt alle Komponenten so mit-einander, dass nicht mehr die pure mechanische Verbindung zweier Einheiten zählt, sondern nur noch die Tatsache, dass sie Teile des Netzwerks sind. Mit einem Bussystem für das Haus fällt die physische Kopplung der Infrastruktur an die ge-planten Funktionsumfänge weg. Das spart Lei-tungswege und beschleunigt die Installation.

Funktionen können jederzeit zugewiesen werden. Ein Beispiel: Ein Taster, der heute ein Licht ein- und ausschaltet, kann morgen das Garagentor öffnen und übermorgen die Alarmanlage scharf schalten (ob dies über einen Taster nun sinnvoll sein mag oder nicht).

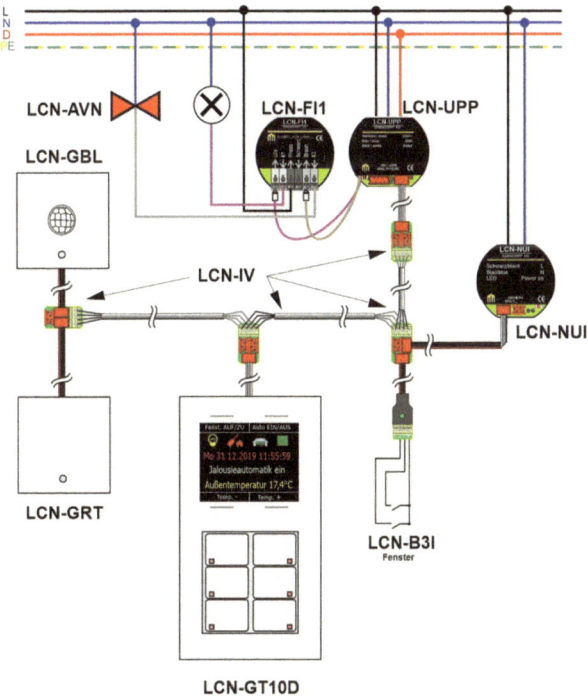

Im Bussystem gibt es vor allem folgende Baugruppen:

- Sensoren
- Aktoren
- Logikkomponenten
- Koppel-Elemente
- Stromversorgungen

Sensoren sind die „Sinne" des Gebäudes. Sie wandeln physikalische Größen in elektrische Signale um.

Als **Sensoren** fungieren beispielsweise:

- Innen- und Außen-Thermometer
- Feuchtesensoren
- Lichtsensoren und Fotozellen zum Messen des Sonneneinstrahlwinkels
- Bewegungsmelder
- Präsenzmelder, die kleinste Bewegungen im Raum erfassen
- Transponder, die feststellen, wer vor der Haustür steht oder sich im Haus befindet
- Fingerprintmodule oder Chipkartenleser zur Zugangskontrolle
- Fenster/Türkontakte zum Feststellen des Zustands offen/geschlossen (für Heizzwecke oder für die Gebäudesicherheit)
- CO_2-Messgeräte für die Innen-Luftqualität
- Windmesser
- Stromsensoren zum Überwachen des Stromflusses auf einer Leitung
- Empfänger für Infrarot-Fernbedienungen
- Empfänger für EnOcean[9]-Funksignale
- oder Taster zum Auslösen von Funktionen

---

[9] **EnOcean** hat als Spin-off der Siemens AG eine patentierte Grundlagentechnologie für batterielose Funksensorik entwickelt. Der Tastendruck produziert dabei ausreichend Energie für das Übertragen eines Funksignals. Damit eignet sich EnOcean zum nachträglichen Anbringen von Tastern, ohne eine Zuleitung verlegen zu müssen. Solche Taster sind auch mit LCN kombinierbar.

Während die Sensoren den Input für die Haussteuerung liefern, bewirken die verarbeiteten Signale bei den Aktoren den Output.

Ein **Aktor** setzt ein elektrisches Signal zumeist in eine physikalische Größe um, zum Beispiel in mechanische Arbeit:

- Leistungsausgänge zum Schalten und Dimmen von Lampen
- DALI[10]-Gateways
- LED-Farbsteuerung
- Stelltriebe für Heizkreisventile
- Relaisausgänge zur Ansteuerung von Antrieben für Markisen, Fenster oder Garagentore
- Teichpumpen, Klimaanlagen, Lüftungsanlagen (Bad/WC, Wohnraumlüftung)
- Elektrischer Türöffner
- Akustische und optische Alarmmelder
- Displays und LEDs zum Anzeigen von Daten

---

[10] Das **Digital Addressable Lighting Interface** (**DALI**) ist ein Protokoll zur Steuerung von lichttechnischen Betriebsgeräten (z.B. elektronische Vorschaltgeräte EVGs). Über die DALI-Schnittstelle kann jedes Betriebsgerät einzeln angesteuert werden. Durch bidirektionalen Datenaustausch kann der Status von Leuchtmitteln abgefragt oder verändert werden. Es lassen sich Gruppen bilden und Licht-Stimmungen abspeichern.

Damit die Aktoren das Richtige tun, bedarf es **Logikkomponenten**:

- Messwerte können in Variablen abgelegt werden, um Rechenoperationen durchzuführen (beispielsweise einen Mittelwert über Zeit bilden, um die Messergebnisse zu „glätten" / um Ausreißer zu bereinigen)
- Schwellwerte können definiert werden, ab denen eine Aktion ausgelöst wird (ist die Raumtemperatur zum Beispiel unterhalb der Solltemperatur kann das Heizkreisventil geöffnet werden)
- Zustände von LEDs können einzeln oder in Summe mit einer Logik hinterlegt werden (so kann jede LED für eine Bedingung stehen; die Logik kann prüfen, ob mehrere Bedingungen komplett, teilweise oder gar nicht erfüllt sind)
- Aktionen können bei Eintreten der erfüllten Bedingung entweder unmittelbar, zeitversetzt oder uhrzeitgesteuert erfolgen.

Koppel-Elemente dienen dazu, die Logikteile miteinander zu verbinden, sei es durch den LCN-Bus selbst oder durch Subbussysteme (I, P, T). Im einfachsten Fall dienen Drahtverbindungen zur Vernetzung und Informationsübertragung. Raffinierte Kopplungen gestatten sowohl eine extreme Ausweitung auf verschiedene Stockwerke oder Gebäude, als auch Trennmöglichkeiten im Fehlerfall.

Ohne Strom nix los, könnte man salopp formulieren, denn auch die intelligenten Systeme benötigen eine Stromversorgung. Diese wird in den meisten LCN-Systemkomponenten eigenständig aus dem 230V-Netz generiert oder von benachbarten Baugruppen mit verwendet. Kleinverbraucher, wie z.B. einfache Tastflächen incl. LEDs beziehen ihren Strom aus dem Subbussystem.

Das intelligente Haus kann mit dem Bus gewissermaßen fühlen, denken und handeln. Für Gebäudesteuerungen gibt es grundsätzlich zwei Konzepte – das Superhirn und das Neuronen-Netz:

- **dezentral** mit Modulen, die verteilte Rollen übernehmen
- **zentral** mit einem Server, der alles steuert

Das Local Control Network LCN funktioniert dezentral, deshalb ist kein Server nötig. Das erhöht die Ausfallsicherheit des Gesamtsystems. Würde ein Modul ausfallen, liefe der Rest noch unbeeinträchtigt weiter. Bei zentralen Systemen dagegen bedeutet ein Serverausfall den Stillstand.

Die Intelligenz des Systems sitzt bei LCN in den Modulen:

- in **Unterputzmodulen**: Sie ähneln schwarzen „Pillendosen", die Unterputz in die Schalterdose hinter Taster oder Steckdosen gelegt werden.

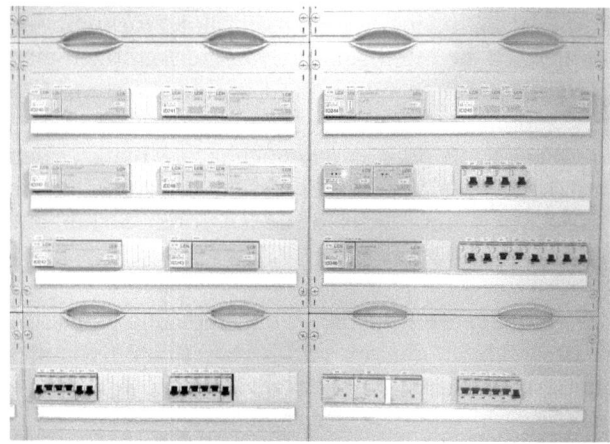

- in **Hutschienen-Modulen**: Sie werden auf Standard-Hutschienen in der Elektroverteilung untergebracht. Ich empfehle eine große Verteilung mit Platz für künftige Bedarfe.

Entscheidend ist, statt der herkömmlichen dreiadrigen Elektroverkabelung (blauer Neutralleiter, gelb-grüner Schutzleiter (PE) und die typischerweise braune (oder schwarze) spannungsführende Phase) eine fünfadrige zu verwenden. Dadurch haben Sie nicht nur einen weiteren Schaltdraht (zum Beispiel den schwarzen), sondern auch eine graue Ader für die Datenübertragung im Bus. Diese Datenader wird in der gesamten Elektroverkabelung des Hauses durchverbunden. Auf das Trennelement pro Absicherung komme ich noch zu sprechen, das bei Spannungslosigkeit jedes Stromkreises den Bus aus Sicherheitsgründen vom übrigen Bussystem trennt. Werden mehrere Etagen mit dem Bus ausgerüstet, die jedoch eigene Elektroverteiler mit separaten FI-Schutzschaltern haben, so leitet ein Segmentkoppler als galvanische Trennung das Bussignal ans andere Stockwerk weiterleitet.

Ich lege es Ihnen lieber noch ein zweites Mal ans Herz: Verkabeln Sie ausschließlich **fünfadrig** oder verlegen Sie zumindest zukunftssichere Rohrleitungen, die ein Nachziehen von Kabeln möglich machen. Die gewonnene Zukunftsfähigkeit Ihrer Installation rechtfertigt den geringen Aufpreis für das mehrpolige Kabel allemal. (Der Vollständigkeit halber sei gesagt, dass für LCN auch ein vieradriges Kabel reichen würde; diese sind jedoch nicht so gängig am Markt wie fünfadrige.) LCN kann den einen oder anderen Planungsfehler heilen – vorausgesetzt man hat nicht am fünfpoligen Kabel gespart und somit den Bus überall zur Verfügung. Die Unterputzmodule lassen sich hinter Tastern und Steckdosen am besten in tiefen Unterputzdosen oder Elektronikdosen unterbringen. Dort ist nicht nur die Verdrahtung einfacher, sondern auch genug Platz für die Module.

Im Gegensatz zu KNX benötigt LCN keine separate Busleitung. Stattdessen macht der Bus die freie fünfte Ader des NYM-J-Kabels[11] zur Datenader. In der Praxis wird dazu meist ein NYM-J 5x1,5mm² als Zuleitung verlegt.

---

[11] Bei einem **NYM 5x1,5** Kabel steht N für Normenleitung, Y für Adern, die einzeln mit Polyvinylchlorid (PVC) isoliert sind, und M für eine zusätzliche Mantelleitung. Die 5 besagt, dass es sich um fünf Adern handelt, wie für das LCN-Bussystem empfohlen; 1,5 ist als Leitungsquerschnitt in mm² für übliche Verbraucher im Haushalt an Steckdosen und Lichtauslässen geeignet.

Für LCN gelten die regulären Vorschriften der Installationstechnik, während KNX spezielle Vorschriften wegen der Spannungsart SELV nach sich zieht (zur Verlegeart und zum Überspannungsschutz). LCN ist generell gegen Überspannung bis 2.000 Volt geschützt. Der Hersteller empfiehlt eine strikte Trennung zwischen den 230 V Netzleitungen und den Zuleitungen der Niederspannungsports (P-Port, T-Port, I-Port sowie I-Port Verlängerungen per IY(ST)Y-Telefonkabel). Dies sollte sehr sorgfältig ausgeführt werden. In der Praxis ist das nicht immer leicht umzusetzen, weil die Busleitungen nur zwei Zentimeter entfernt von der Phase aus einem Modul kommen. Ich kann deshalb nur eindringlich die Empfehlung an jeden Hausbesitzer aussprechen, der Freude am Parametrieren seines Bussystems gewonnen hat, die Hardware immer einem Elektriker zu überlassen! Apropos Spannungsschutz: Wer gegen den Elektrosmog von 230 Volt in seinem Schlafzimmer ist, kann sich Taster und Sensoren auch an 24-Volt anschließen lassen. In allen anderen Räumen wird kein Netzteil benötigt. Die Module werden einfach an die 230-Volt-Verkabelung gehängt, somit ist keine zusätzliche Infrastruktur erforderlich.

An dieser Stelle ein wichtiger Tipp aus der Praxis: Die LCN-Datenader verbindet die Stromkreise untereinander – und würde im Fehlerfall zu einer Spannungsverschleppung führen. Bei einem Modultausch muss vorher Spannungsfreiheit geprüft werden. Verbauen Sie einen Hilfsschalter pro LCN-Endstromkreis. Er schaltet immer die Datenader ab, wenn ein Stromkreis abgeschaltet wird. Erst dann ist der Stromkreis wirklich getrennt.

Projekte zum Staunen aus aller Welt

Papier ist geduldig. Doch jeder noch so schöne Plan wird durch die Realität überholt. Kleine Details wurden vergessen oder Gewohnheiten ändern sich. Als Professor Issendorff sein erstes Haus baute, stellte er fest, dass sich der Lichtschalter für eine Außenlampe im Keller befand statt im Erdgeschoss. Weil das so unpraktisch wie unabänderlich war, nahm er die kleine Baupanne zum Anlass, ein System zu entwickeln, das sich einfach und kostengünstig auch noch an späte Wünsche des Bauherrn anpasst. Das war die Geburtsstunde von LCN.

Am 2. April 1992 stellte Eberhard Issendorff auf der Hannover Messe ein Bussystem vor, das er in sechs Wochen programmiert hatte. Nur sieben Jahre später, 1999, realisierte er den Main-Tower mit mehr als 6.000 Modulen. Das 56 Stockwerke hohe Bankgebäude in Frankfurt am Main ist das vierthöchste Deutschlands. Neben mehr als 2.550 elektrischen Fenstern und Jalousien werden rund 5.000 Leuchten durch LCN gesteuert. Zwei Wetterstationen auf dem Dach regeln den möglichen Öffnungswinkel sämtlicher Fenster. Sie werden in Abhängigkeit des Winddrucks auf- und zugefahren. So wird verhindert, dass ein 250 Kilogramm schweres Fenster bei starkem Wind aus der Fassade gerissen und auf die Straße geworfen wird. Durch die selbstlernende Motorsteuerung in Verbindung mit Stromsensoren sparte Issendorff dem Bauherrn 2,5 Millionen Euro.

Dank LCN genießt jedes Büro außerdem eine vollautomatische, tageslichtabhängige Lichtregelung. Eigentlich wäre dort alles mit EIB/KNX geplant gewesen. Doch der beauftragte Elektriker hatte festgestellt, dass das System für die Anforderungen nicht leistungsfähig genug war.

2004 „erbte" Issendorff auch noch das Münchner Hochhaus uptown mit 43 Etagen als Installations-Projekt, das eigentlich für EIB/KNX geplant war. Dort war der gleiche Planer wie beim Maintower tätig, und inzwischen setzte er große Stücke auf die Firma Issendorff. Die Leitungen lagen bereits, doch die Nutzung des Gebäudes wurde geändert (es wurde zur Hauptverwaltung der Telefongesellschaft O_2) und man rief LCN auf den Plan, um Zugang, Licht, Fenster, Temperatur und Beschattung zu steuern. Bis dato hatte LCN noch nicht gewagt, auch noch in die Klimatechnik einzusteigen, aber Honeywell traute es den Rethenern zu – und es funktionierte einwandfrei.

Seit 2005 erobert LCN die Welt, mit Großprojekten in Amerika, Asien und dem Nahen Osten. Der Eurotower in Ungarn, ein Military Hospital im arabischen Riad, sogar das Siemens Forschungszentrum für Waschmaschinenentwicklung erhielten die LCN-Steuerung.

Für eine Wochenend-Residenz mit 24 Gebäuden des 2011 verstorbenen saudischen Kronprinz Sultan im kalifornischen Half Moon Bay lieferte LCN 2007 eine komplexes System zur Steuerung von Notstromaggregaten. „Alles, was logisch ist, geht mit LCN – auch wenn wir das vorher noch nie gemacht haben", erinnert sich Professor Issendorff an den Großauftrag. Er hat auch bereits einen Springbrunnen realisiert, bei dem sich die Wasserhöhe und die Beleuchtungsfarben fernsteuern lassen.

In Asunción, der Hauptstadt von Paraguay, hat LCN ein Pokal-Museum für den südamerikanischen Fußballverband mit Steuerungstechnik ausgestattet, die der Haustechniker per iPad steuert.

Im Willy-Brandt-Museum in Berlin erhält der Besucher dank LCN einen Transponder, damit vor dem jeweiligen Schaukasten die richtige Audiodatei in richtigen Sprache in seinen Kopfhörer eingespielt wird. Dieses Infotainment System ist ein Beleg dafür, wie weit das System über Gebäudesteuerung hinausgeht. In einem Zoo in Halle gibt es ein LCN-basiertes Schleusensystem im Tigerkäfig. Im Ruhrpott wurde ein Elefantengehege damit ausgestattet. Auch eine Geldtransporter-Wagenschleuse wurde realisiert. Und im Sky Office, einem großen Bürogebäude am Düsseldorfer Kennedydamm, steuert und regelt LCN Licht, Beschattung, Heizung und Kühlung.

Investoren, Generalunternehmer, Gebäudebetreiber merken zunehmend, dass LCN ihrer Immobilie einen erheblichen Mehrwert verleiht und eine Installation auch für veränderte künftige Nutzungen zukunftsfähig hält. Heute hat der Elektro-Großhandel das System aus Niedersachsen fast durchgängig im Programm, aber forciert LCN längst nicht so stark wie KNX. Und obwohl LCN flexibler und preisgünstiger ist, führt es zu Unrecht ein wenig ein Nischendasein. Manche Elektroinnungen scheinen regelrecht auf KNX geimpft zu sein, wie ich beispielsweise in München feststellen musste. Für ein kleines Privathaus könne man LCN schon nehmen, für ein größeres Bürogebäude allerdings komme es nicht in Frage, lautete dort die Fehlauskunft. Auch beim Versuch, mich für ein Bus-Seminar in München anzumelden, fragte mich die Bildungs-Hotline in vorauseilendem Gehorsam: „Wahrscheinlich KNX?"...

Deshalb machte ich mich auf zu einer der aktivsten LCN-Schulungsstätten Deutschlands, der Handwerkskammer Niederbayern-Oberpfalz, wo zeitlich und inhaltlich umfangreicher geschult wird als anderswo, nicht ohne Grund hat Bereichsleiter Schachtl auch die Schulungsanlage für die LCN-Zentrale in Niedersachsen gebaut. Schachtl schätzt an der Issendorff KG, dass sie flexibel ist und auf ihre Kunden hört. So komme es auch mal vor, dass es bereits zwei Stunden nach einem Telefonat zu einer Fragestellung ein Software-Update gibt. Außerdem hebt er hervor, dass jedes einzelne Modul auf dem Prüfstand in Rethen drei Tage lang getestet wird, bevor es an einen Kunden geht. Und gibt es doch mal ein Problem, tauscht der Hersteller anstandslos aus.

LCN eignet sich, wie die vorhin genannten Beispiele zeigen, längst nicht nur für Privathäuser. Seine Industrietauglichkeit untermauert auch die Telegrammrate von LCN: offiziell 10.000 Daten-Telegramme pro Sekunde auf dem oberen Datenbus, doch Experten gehen von einem Vielfachen aus. Damit entgeht dem schnellsten Übertragungsprotokoll aller Installationsbusse nichts, auch nicht in einem gigantischen Bürogebäude. Daher ist es der ak-

tuell beste Bus für eine zuverlässige Messwertver-
arbeitung. Für jedes Telegramm gibt das Empfän-
ger-Modul eine Statusmeldung. Nur wenn die Quit-
tung ausbleibt, wiederholt LCN das Telegramm. LCN
sendet den kompletten Befehlssatz, der nur von
dem einen Schaltaktor verarbeitet wird, der adres-
siert wurde. Dieser Aktor muss dafür nicht programmiert worden sein.

Das Quittungssystem beim Wettbewerbssystem
KNX dagegen ist nicht so ausgeklügelt, weshalb dort
Telegramme von Haus aus mehrfach ausgesendet
werden müssen, was dort die Datenrate bei KNX na-
türlich deutlich herabsetzt. Auch der EEPROM-
Konfigurationsspeicher ist geschätzte 3- bis 5.000
Mal größer als bei KNX.

Die Grundkonzeption von KNX funktioniert so: Um
in Großanlagen zu vermeiden, dass sehr große Ka-
belbündel zusammenkommen, wenn jede einzelne
Leuchte bis zur Elektroverteilung verkabelt wird,
hat man sich dazu entschieden, ein einziges Stromkabel und ein Telefonkabel als Datenleitung durch
das ganze Büro zu ziehen. Eine Taste meldet über
die Datenleitung den übrigen Busteilnehmern, sobald sie gedrückt wird. Doch bevor die gewünschte
Leuchte aktiviert werden kann, muss sie extra programmiert werden. Gerade in großen Anlagen stellt
dies eine häufige Fehlerquelle dar.

LCN funktioniert als kommandobasiertes System
genau umgekehrt: Man programmiert in der Taste
eine Befehlsfolge, die einer beliebigen Lampe
übermittelt, dass sie angehen soll, wie schnell und

wie hell. Inzwischen taucht dieses offensichtlich eingängigere Konzept teilweise auch bei KNX auf.

Bis heute hat kein Bauwerk je die Systemgrenzen von LCN erreicht. Bis zu 30.000 intelligente Module lassen sich in einem Bus einsetzen. An jedem Modul wiederum können acht Taster, acht Relaisausgänge und 8 Binäreingänge verwaltet werden.

LCN-Module arbeiten mit drei Schnittstellen:

- **T-Port** oder Tastatur-Port (für konventionelle Taster)
- **P-Port** oder Peripherie-Port (z.B. für Relaiskontakte wie Jalousie-Aktoren)
- **I-Port** oder Impuls-Port (für eine Vielzahl an Sensoren und die neueren Glastaster, Impulsgeber)

Immer mehr Komponenten werden über den I-Port angeschlossen. Er ist der leistungsfähigste und universellste Port von LCN und ist in allen Modulen vorhanden. Die Zuleitung zum I-Port ist vieradrig ausgelegt und über Fernmeldeinstallationskabel IY(ST)Y mit einem Querschnitt 2x2x0,8mm bis 50 Meter verlängerbar. Es handelt sich um einen seriellen Sub-Bus zwischen Modulen und Peripherie. Insgesamt lassen sich bis zu fünf Peripheriegeräte an den I-Port eines Moduls anschließen. Neuere Geräte werden von der Parametrierungs-Software von selbst erkannt, was dem Installateur die Arbeit auf der Baustelle erleichtert. Der I-Port hat direkten Zugang zum Prozessor. Wenn am Ausgang zu viel Strom gezogen wird, schaltet das Modul seine gesamte Peripherie ab. Das Modul kann daraufhin ein beliebiges Kommando und eine Betriebsmeldung aussenden.

Jedes LCN-Modul speichert seine Programmierung lokal ab. Am Bus werden die Module automatisch erkannt und über ihre Seriennummer registriert. Sie können vollständig in der Programmier-Software LCN-PRO ausgelesen werden[12]. Das Auslesen einer Anlage mit 150 Modulen erfordert einen einzigen Tastendruck und gerade Mal zwei Minuten, zusammen mit einer vollständigen Dokumentation der Anlage über Kommentare – das wäre mit KNX nicht oder nur aufwendig und langsam umsetzbar. Zugegeben, vom Wettbewerber KNX gibt es mittlerweile Tausende von Modulen. Teilweise sind die Produktbeschreibungen bis zu 180 Seiten lang. Die Installation dauert gut und gerne eineinhalb Stunden und ist durch einen Dongle auf einen Rechner beschränkt.

Bei LCN kann jedes Modul unabhängig von seinen Hardware-Eigenschaften die gesamte Logik. Software-Updates sind gratis und nur wenige Megabyte groß. Mehrfachinstallationen sind erlaubt.

---

[12]Voraussetzung ist, dass dem Nutzer das Passwort für die Anlage bekannt ist. Rechtlich gesehen, muss der Elektrobetrieb seinem Kunden das Passwort für sein eigenes Bussystem hinterlassen, sobald die Rechnung bezahlt ist...

Mein Bestellzettel

Ich habe mein Haus in Oberbayern mit der dazugehörigen Garage und dem Gartenhaus mit 36 LCN-Modulen gebaut, die ich im Folgenden genauer aufführe und dann mit Anwendungsbeispielen versehe.

- **15 SH+ Module**
  Das LCN-SH ist ein Sensor-/Aktor-Modul für die Hutschienen-Installation mit zwei elektronischen Schaltausgängen von jeweils 300 Watt Leistung. Die Ausgänge können auch als (Phasenanschnitts-)Dimmer[13] genutzt werden.

- **3 SHS Module**
  Das LCN-SHS als Sensor-Modul für die Hutschienen-Installation ohne Schaltausgänge.

- **1 HU Modul**
  Das LCN-HU ist ein Sensor-/Aktor-Modul für die Hutschienen-Installation mit zwei elektronischen Schaltausgängen von jeweils 500 Watt Leistung. Die Ausgänge können auch als (Phasenanschnitts-)Dimmer sowie zur Steuerung von DALI-Lichtsystemen genutzt werden.

---

[13] Am besten erkundigen Sie sich beim Leuchtmittel-Hersteller vor dem Kauf, ob die gewählten Leuchtmittel im **Phasenanschnitt** dimmbar sind.

- **3 UPP Module und LCN FI1**
  Das LCN-UPP ist ein Sensor-Modul für die Unterputz-Installation mit zwei elektronischen Schaltausgängen von jeweils 300 Watt
- **14 UPS Module**
  Das LCN-UPS ist ein Sensor-/Aktor-Modul für die Unterputz-Installation ohne elektronische Schaltausgänge.

Wie Sie anhand der langen Aufstellung vielleicht erkennen, habe ich richtig Appetit auf LCN bekommen. Doch spannender wird es auf den folgenden Seiten, auf denen Sie sehen, zu welchen weiteren Bus-Komponenten ich mich hinreißen ließ. Ich stelle in diesem Buch das eigene Installations-Beispiel deshalb so detailliert dar, weil ich überzeugt bin, Ihnen mit einem konkreten Erfahrungsbericht den größten Mehrwert zu bieten.

Nun muss man vielleicht an dieser Stelle betonen, dass diese Modulzahl für ein Einfamilienhaus mit Einlieger-Büro sicher absolut überzogen ist. Wäre es mir hier nicht um die Errichtung eines LCN Solution Centers gegangen, in dem sich Elektro-Betriebe im Dreieck zwischen Ober- und Niederbayern sowie der Oberpfalz über Einsatzmöglichkeiten informieren und bei Bedarf auch Programmierungen von Bus und Oberfläche beauftragen können, hätte man sicher auch gut mit einem Drittel oder der Hälfte der Module viel anfangen können. Rein theoretisch können Sie sogar mit einem einzigen LCN Modul arbeiten. Und ab zwei Module lässt sich bereits von einem Bus sprechen.

Sie sehen an der obigen Aufstellung auch: Ich wickle die meisten Schaltvorgänge in der Elektro-Verteilung ab (SH+ und HU-Module). Tatsächlich nur drei Unterputz-Module UPP habe ich zum Schalten vor Ort eingesetzt, und auch diese nur deshalb, weil mir nachträglich einfiel, dass ich an diesen Stellen doch noch etwas zu schalten hatte; zu einem Zeitpunkt, als keine Zuleitung in die Verteilung mehr gelegt werden konnte. Der Einsatz des UPP schaffte unkompliziert Abhilfe.

Außerdem betreibe ich an den oben aufgeführten Modulen folgende LCN-Komponenten:

- **1x ATW** – ein Aktives Transpondersystem in Verbindung mit fünf Transpondern, die man an seinen Schlüsselbund hängen kann und die ohne Tastendruck automatisch erkannt werden, wenn sie sich in einer Umgebung von vier Metern zum Empfänger befinden. Jeder Transponder kann mit verschiedenen Berechtigungen und Funktionen (wie Türöffnen, bestimmte Lichtszenen aktivieren etc.) versehen werden.

- **25x AVN** – ein Stellantrieb für Heizkörper, der mit einem Dehnstoffelement und einer Stoßfeder arbeitet (und bei mir auf jeder Etage im Heizkreisverteiler der Fußbodenheizung verbaut ist).
- **1x BMI** – ein Infrarot-Bewegungsmelder für den Innenbereich (den ich in Aufputzmontage in der Garage eingesetzt habe; im Haus ist dagegen der GBL im Einsatz).
- **4x B3i** – ein Unterputz-Binärsensor für bis zu drei potenzialfreie Meldekontakte (bei mir für Fenster- und Türkontakte).
- **3x BS4** – ein Stromsensor zur Überwachung von Verbrauchern, zum Beispiel von Leuchten oder zur Motorpositionierung eines Rollladens (bei mir zum Feststellen, wann die Waschmaschine fertig ist).
- **7x BT4H** – ein vierfacher Binärsensor für Dauerkontakte (ein solcher ist bei mir ein Ausgang der Heizung, der die Betriebsart Heizen oder Kühlen meiner Geothermie-Anlage meldet) oder optional ein Tastenumsetzer für konventionelle Taster (bei mir die Aufputz-Taster in Keller und Garage)
- **4x BU4L** – ein Hutschienen-Binärsensor für potenzialfreie Kontakte
- **1x CO2**-Sensor – ein Sensor zum Messen des Kohlenstoffdioxid-Gehalts der Raumluft. Bei schlechter Luftqualität kann gezielt und energieeffizient automatisch gelüftet werden (bei mir im Schlafzimmer mit einer elektrischen Fensteröffnung gekoppelt)
- **4x EFS** – ein Einbaufeuchtesensor zur Erweiterung der Komponenten GBL oder GRT

- **13x GBL** – ein stylischer Glas-Bewegungsmelder mit Lichtsensor
- **6x GRT** – ein ebenso stylischer Glas-Infrarotempfänger mit Temperatursensor
- **4x IS** – ein Trennverstärker, der die Datenader zwischen mehreren elektrischen Verteilungen über einen Optokoppler miteinander verbindet, ohne Spannung zu verschleppen
- **56x IV** – ein Unterputz-Adapter zur Verlängerung und Vervielfältigung des I-Ports
- **6x IVH** – ein ebensolcher Adapter für die Hutschiene
- **7x NUI** – ein Unterputz-Netzteil für die Corona-Beleuchtung der LCN-Glastaster
- **1x NIH** – ein ebensolches Netzteil für die Hutschiene
- **12x R8H** – ein Relaismodul mit acht Schaltausgängen
- **4x T4ER** – ein Empfänger für EnOcean Tastsignale; seit 2015 gibt es von LCN das Gateway EGR, das zugleich Empfänger und Sender ist und u.a. Hardware (Sensoren und Aktoren) von Eltako, PEHA und Hoppe unterstützt.
- **3x TL12H** – ein Tableau-Modul für die Hutschiene mit acht Eingängen für potenzialfreie Taster und zwölf Ausgängen für LEDs (ich betreibe damit über einen OptoTriacs geräuschlos meine Heizkreis-Regelung als Profi-Anwendung, wobei sie natürlich auch Relaisausgänge nutzen und dann die komfortable Regel-Funktion im Relaismodul nutzen können.)

- **3x TS** – ein Temperatursensor zum Einbau in einen Glastaster
- **2x TSA** – ein Außentemperatursensor
- **4x RT** – eine handliche Infrarot-Fernbedienung
- **1x RT16** – eine Infrarot-Fernbedienung mit 16 Tasten
- **1x TU4C** – ein kapazitativer Tastsensor mit vier Sensorflächen, die unter Holz, Fliesen, Granit oder Glas eingebaut werden können, sodass diese Materialien dann als Tastfläche genutzt werden können (bei mir im Gartenhaus, um nach dem Schwimmen mit dem Fuß das Licht ein- und ausschalten zu können)
- **1x WIH** – eine Wetterstation mit Außentemperatur-Sensor, Lichtsensor in drei Himmelsrichtungen, Windmesser, Regensensor und GPS-Empfänger zur satellitengenauen Uhrzeit im Bus
- **1x GVS** – die Visualisierungssoftware mit Lizenzen für zehn Tableaus, zehn Module, zehn Ereignismelder
- **5x GVSE** – Lizenz für weitere 50 Ereignisse
- **3x GVSM** – Lizenz für weitere 30 Module
- **1x PCHK**-L – Lizenz für drei Daten-Verbindungen über die LCN-PKU, die den Bus galvanisch vom USB-Port eines Rechners trennt. Durch die drei Datenverbindungen kann ich über LCN-PRO die Module parametrieren, während ich ein Fremdsystem wie IP Symcon betreibe (siehe Kapitel über LCN-Drittanbieter), ohne die Visualisierung über LCN-GVS zu unterbrechen.

Weil mir auch das Design der Bedienelemente wichtig ist, verwende ich durchgehend bei allen Unterputz-Installationen im Erd- und Obergeschoss sowie in meinem Gartenhaus die Glastaster der LCN-GT Serie. Diese wurde für ihre schicke Gestaltung mit dem reddot design award prämiert und wird laufend weiterentwickelt, beispielsweise mit integriertem Bargraph für Temperaturanzeigen.

Sie arbeiten nach demselben Prinzip wie ein Smartphone: Ein Touchpanel mit Matrix hinter einer Glasscheibe ermittelt die Position der Berührung durch den Benutzer. Es gibt 2er-, 4er-, 6er-, 10er- und 12-er Taster, wobei der 4er- und der 10er-Taster zusätzlich mit einem Farbdisplay (daher das D im Produktnamen) ausgestattet sind, das frei programmiert werden kann. Das W am Ende des Produktnamens steht für die Ausführung weiß. Es gibt außerdem schwarz und champagnerfarben.

Hier mein Bestellzettel über 41 Glastaster:

- **6x GT12W**
- **7x GT10DW**
- **4x GT6W**
- **3x GT4DW**
- **21x GT2W**

In die Glastaster integriert sind Temperaturfühler, diese ersetzen Thermostate für die Heizungsregelung, die man sonst in jedem Raum bräuchte. Seit 2016 hat LCN auch Universalsensoren in Glasdesign integriert. Sie heißen GUS und erfassen Temperatur, Präsenz, Helligkeit, Feuchte, Bewegung und Infrarot-Signale auf einmal.

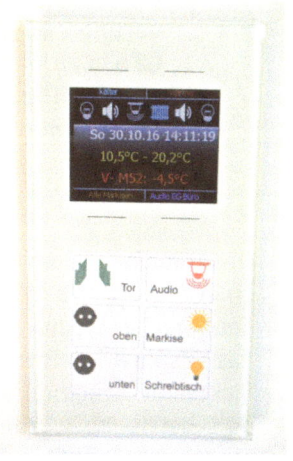

Sehr praktisch ist die individuelle Beschriftbarkeit mit Hilfe des kostenlosen Online-Tools GT Designer mit eigenen Texten und farbigen Symbolen (www.lcn.de/GTDesigner/). Ein Tintenstrahldrucker ist zwar geeignet, am besten aber werden die Ergebnisse mit einem Farblaser. Noch ein Tipp: Lassen Sie beim Ausschneiden unten einen Zentimeter frei, damit Sie die Folie später wieder leicht aus dem Glastaster herausziehen können.

Nach einer Versuchsanordnung mit mehreren Tastern und einem Dummy für das Display habe ich mich für folgenden Dreiklang entschieden:

- Dort, wo ich Displays einsetze, platziere ich diese immer in durchschnittlicher Augenhöhe der Nutzer, mindestens in 1,50 Meter Höhe
- darunter ein Mehrfachtaster wie GT12 oder GT6 in zirka 1,40 Meter Höhe
- etwa in Hüfthöhe gibt es einen Zweifachtaster, den man auch im Dunkeln ohne Hinzuschauen ertasten kann, zirka in 1,20 Meter Höhe

Die Mehrfachtaster GT6 und GT12 benötigen beide einen T-Port – es kann also nur einer der beiden an das gleiche Modul angeschlossen werden. Sowohl das Display GT4D oder GT10D als auch der Zweifachtaster können über den I-Port des gleichen Moduls betrieben werden. Insgesamt kann der I-Port die Kommunikation mit fünf Tastern oder Sensoren managen.

Die oben beschriebene Konfiguration mit den drei übereinander angeordneten Bedienfeldern kommt also mühelos mit einem einzigen Modul aus, das zusätzlich noch Rechenaufgaben, Zeitschalt-Funktionen etc. übernehmen kann. Durch die Anordnung der Bedienfelder entstand bei mir ein Abstand zwischen den Unterputzdosen, der es erforderlich machte, den I-Port zu verlängern. Dies ist mit zwei LCN-IVs leicht machbar. Ein GT6 oder GT12 sollte jedoch immer in der Nähe eines Moduls angebracht werden, denn der T-Port ist (wie auch der P-Port für Relais etc.) nicht verlängerbar.

Wer wie ich bei meinem Baufritz-Holzhaus in der Außenwand des Gebäudes keine 65mm tiefen Hohlwanddosen unterbringen kann, verwendet dort am besten keine Taster, die einen T-Port benötigen und führt eine I-Port-Verlängerung direkt in den Elektroverteiler zu einem Hutschienen-Modul SH (die Verlängerung darf bis zu 100 Meter lang sein).

Auf meinem Bestellzettel befand sich außerdem ein lüfterloser[14] PC (seit Herbst 2017 bei LCN als GVShome fertig konfiguriert im Angebot). Ein solcher Mini-PC kann problemlos mit wenig Energiebedarf und kaum Wärmeentwicklung 24 Stunden am Tag laufen. Damit lässt sich dank der globalen Visualisierungssoftware LCN-GVS eine optionale Oberfläche gestalten, auf der sämtlicher Input an Daten, Messwerten und Zuständen sowie sämtlicher Output an Aktionen über einen Computer, ein Touchpad oder ein Smartphone verfügbar werden. Für den Fernzugriff schaltet man an seinem Internetrouter den entsprechenden Port für Webservices frei und macht den lüfterlosen PC zum Webserver, so ist dieser Mithilfe einer dynamischen DNS unter einem festen Namen im Internet erreichbar. Ab dann können Sie Ihr intelligentes Haus weltweit fernsteuern.

---

[14] Die Hauptursache für einen Computerdefekt ist der Ausfall des **Lüfters** durch Materialermüdung, was zu einer Überhitzung der empfindlichen elektronischen Bauteile auf der Hauptplatine führt. Daher empfiehlt sich für den Dauerbetrieb immer ein lüfterloser PC!

LCN-Drittanbieter und -Schulungen

Es gibt eine Reihe von Drittanbietern für LCN, die das Netzwerk zusätzlich aufwerten. Auch eigengebaute Lösungen sind leicht in das Local Control Network integrierbar. Die Grundlage für den richtigen Umgang mit LCN ist ein vielfältiges Schulungsangebot, von dem jeder Elektrobetrieb Gebrauch machen sollte.

- **IOS Mediensysteme**
  (www.ios-mediensysteme.de)
  IOS hat in seinem Schalterprogramm unter anderem ein kombiniertes Schalter- und Anzeigemodul MC-55 oder die RoomControl RCSC mit Spin&Click Bedienrad oder das GrafikTouch Modul **GTM-015X** in den Größen 6" und 15". Betrieb direkt an 230 V und Integration in den Bus über den I-Port des nächsten LCN-Unterputzmoduls. Für das Wohnzimmer (oder einen Konferenzraum) empfiehlt sich iConvert zur Steuerung von Projektor, Zuspielern, Beschallung und anderen medientechnischen Geräten über den Bus.

- **ASM SyncroTec**
  (www.syncrotec.de)
  ASM SyncroTec hat ein LEDnet Controller Modul entwickelt, mit dem LEDs bis 120 Watt Leistung in punkto Helligkeit und Farbwert über nur zwei Drähte gesteuert werden können und darüber auch noch ihre

Energie beziehen. Rot/Grün/Blau und Weiß lassen sich separat ansteuern. Das RGBW-Dimmermodul passt auch optisch zu den LCN-Modulen und lässt sich an sie über den i-Port anschließen. Das LEDnet Profil ist in der LCN Konfigurationssoftware hinterlegt. So lässt sich für jeden Wochentag oder jede gewünschte Stimmung auf Knopfdruck eine andere Farbe definieren. Bei mir signalisiert das Licht auf dem Weg zur Ankleide, ob es draußen kalt (dunkelblau) oder warm (tiefrot) ist – oder irgendwo dazwischen. Denkbar wäre auch, dass das Licht im Bad vor einer geplanten Abfahrtzeit immer schneller rot blinkt, damit Sie rechtzeitig aufbrechen. Seit 2016 hat LCN ein ähnliches Produkt im Markt, den 4-Kanal Dimmer HL4.

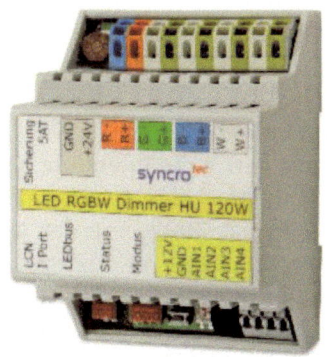

- **NodOn**
  (www.nodon.fr)
  Der EnOcean-Standard basiert auf drahtlos kommunizierenden Elementen, die sich einfach mit dem LCN System koppeln lassen. Somit sind auch spätere Erweiterungen in Form von Sensoren und Schaltelementen ohne zusätzliche Elektroinstallation Tür und Tor geöffnet. Die Schalter und Sensoren funktionieren ohne Stromleitung in der Nähe, was ein nachträgliches Anbringen ohne Installation von Zuleitungen begünstigt. Betätigen Sie einen Taster, so erzeugen Sie durch den Tastendruck genug Energie, um das gewünschte Kommando per Funk zu übertragen (Funkthermometer, Funkkontakte für Fenster und Türen, Lichtschalter, Funksteckdosen, Stromzähler, die in Verbindung mit dem EGR-Gateway von LCN nachträglich integrierbar sind).

- **DOMIQ**
  (www.domiq.de)
  Der Name verrät die Intention: IQ fürs Haus. Der polnische Anbieter ist seit 2007 am Markt und hat 2009 eine der ersten Apps zur Haussteuerung per iPhone herausgebracht, die DOMIQ/Remote App. Auch eine Android-App sowie eine stationäre Software für PC und Mac werden angeboten. Das Gegenstück auf Hardware-Seite ist das DOMIQ/Base Modul, das sich an jeder beliebigen Stelle in Ihrem Projekt an den LCN-Bus anschließen lässt. So entstehen zusätzliche benutzerfreundliche, interaktive Visu-

alisierungen. Die automatisierten Aktionen lassen sich außerdem leichter an eine unbegrenzte Zahl von Bedingungen anpassen, zum Beispiel die sich jahreszeitlich verändernde Tageslänge. Das größte Base Modul bietet aktuell 8 MB Flash- und 16 MB RAM-Speicher.

- **IP-Symcon**
  (www.ip-symcon.de)
  Die Software IP-Symcon verbindet verschiedenste Bus- und Funksysteme sowie Audio- u. Video- Komponenten unter einer Softwareoberfläche.

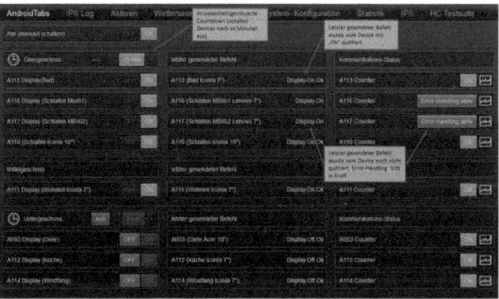

So lassen sich Raumklima, Lichtszenarien oder Beschattung per PC und Smartphone steuern. Gleichzeitig kann man sich informieren lassen, was zu Hause passiert und auch den Energieverbrauch im Blick behalten. Programmierbeispiele und Screenshots sind im zweiten Band nachzulesen.

- **L-Vis**
  (www.l-vis.com)
  Die L-Vis-Box ist ein kompakter, leistungs-
  starker Kleinrechner mit einem sehr gerin-
  gen Energieverbrauch von weniger als drei
  Watt. Sie ermöglicht die Visualisierung des
  LCN-Busses über die Schnittstelle PK oder
  PKU und eine Internetanbindung über den
  Heimrouter (z.B. FritzBox oder Speedport).
  Für die Fernsteuerung von jedem Ort der
  Welt aus gibt es einen kostenlosen Online-
  Account. Alle Aktoren lassen sich komforta-
  bel per Browser ansteuern, eine App muss
  nicht installiert werden.

Weder die Zahl
der zugreifen-
den Rechner ist
beschränkt –
noch die Zahl
der anzusteu-
ernden Module. Mit wenigen Mausklicks
lassen sich Zeitsteuerungs-Funktionen ab-
rufen. Die L-Vis Box verfügt über eine komfortable und übersichtliche Zeitsteuerung,
die nach Uhrzeit oder nach dem integrierten Sonnenkalender funktioniert. Funktionen lassen sich schnell in Gruppen zusammengefasst als Szenen konfigurieren wie
z. B. „Schlafen gehen", „Heizung 19°C",
„Lichter Wohnzimmer aus", „Licht Schlafzimmer auf 60 Prozent dimmen" oder „Roll-
läden runter".

Außerdem gibt es in diversen Online-Foren eine eingeschworene Gemeinschaft von Profis und Amateuren, die ihre Erfahrungen, Fragestellungen und Speziallösungen rund um LCN miteinander teilen. Das Forum www.bus-profi.de veranstaltet beispielsweise regelmäßige LCN-Stammtische, wo die neuesten Errungenschaften vorgeführt werden. Für den Elektriker empfiehlt es sich, bei seiner regio-

nalen Handwerks – Kammer oder Elektroinnung Kurse für LCN zu belegen. Das in meinen Augen beste Kurs-Angebot gibt es wie eingangs beschrieben bei der Handwerkskammer Niederbayern-Oberpfalz in Landshut (Fotos diese/nächste Seite):

- LCN Grundseminar (2 Tage)
- LCN Aufbauseminar (3 Tage)
- LCN Visualisierungskurs (2 Tage)
- LCN Expertenseminar (2 Tage)

Mindestens ein Mitarbeiter eines Elektrobetriebs sollte Konzeption, Parametrierung und Visualisierung von LCN beherrschen. Die Kurse eignen sich für Expertentipps wie das Stellen individueller Fragen gleichermaßen und geben neben fundierter Theorie viel Raum für Übungen im LCN-Labor.

Da ich mich in diesem Buch nicht nur an diejenigen wende, die LCN-Projekte realisieren, sondern auch an Auftraggeber und Planer, werde ich im Folgenden zwar einige Anwendungsfälle aus meinem Musterhaus beschreiben, jedoch nicht deren technische Umsetzung im Detail erklären.

Konfigurationsanleitungen finden Sie in einem geplanten zweiten Buch „Traum vom *intelligenten* Zuhause – Band 2". In der Realisierungsphase können Sie sich außerdem in kniffligen Fragen immer an die Technik-Hotline von LCN wenden, die ich als stets äußerst freundlich und kompetent empfunden habe. Wenn auf die gestellte Frage nicht sofort eine Antwort einfiel, dann blieben die Techniker in Rethen immer dran und schickten kurz darauf einen Lösungsvorschlag per E-Mail.

Anwendungsbeispiele

Beginnen wir mit der Lichtsteuerung. Sie werden damit anfangen, allen Ausgängen Ihrer LCN-Module in der Planungs- und Installationsphase mechanisch Verbraucher zuzuordnen. Leuchten, die sie niemals dimmen werden, können Sie auch auf Relais-Ausgänge geben. Auf diese Weise können Sie an einem Modul über die zwei Schaltausgänge und den 8er-Relaisblock R8H insgesamt zehn Lichtquellen ansteuern.

Bedenken Sie, dass ihre Lichtquellen nicht nur an den Decken und Wänden angebracht sind, sondern auch in Form von Stehlampen Einzug halten werden. Wir haben im gesamten Haus Doppelsteckdosen montiert, bei denen jeweils die linke Steckdose über LCN schaltbar ist und die rechte dauerhaft Strom führt. Mehrere solcher schaltbaren Steckdosen (jeweils zwei bis drei) sind wiederum in einer Steckdosen-Gruppe zusammengefasst und hängen an einem Relais.

Nun ordnen Sie irgendeine beliebige Taste im Haus, von der aus Ihnen eine Betätigung sinnvoll erscheint, dem gewünschten Schaltausgang bzw. dem Relais zu. Es können auch mehrere Tasten an unterschiedlichen Stellen im Haus die gleiche Funktion aufweisen. Befindet sich ein Taster in Sichtweite des Verbrauchers, so kann es Sinn ergeben, den Umschalt-Befehl zu verwenden, dass Sie den Status in Form des eingeschalteten Lichts stets als Rückmeldung im Blick haben. Bei Verbrauchern außer Sichtreichweite – wenn Sie also nicht wissen, ob die Lampe bereits ein oder aus ist – können Sie am Taster den Kurz-Befehl für das Einschalten und den Lang-Befehl für das Ausschalten verwenden. Somit besteht Eindeutigkeit, was gerade im anderen Raum geschieht.

Für dimmbare Leuchten können Sie den Kurz-Befehl zum Umschalten (Ein- und Ausschalten) verwenden und den Lang/Los-Befehl zum Dimmen (Ebenfalls im Umschalt-Modus für Auf- und Abdimmen). Die Lampe wird dann in der vorgegebenen Geschwindigkeit auf-oder abgedimmt, solange Sie die Taste drücken – und wenn Sie die Taste loslassen, stoppt der Vorgang beim aktuellen Prozentwert.

Bei einer Konstantlicht-Regelung misst ein Lichtsensor die Summe aus Kunst- und Sonnenlicht und vergleicht den aktuellen Messwert mit einem definierten Sollwert. Das Kunstlicht wird stetig gedimmt, so dass der immer gleiche Helligkeitseindruck entsteht.

Es lassen sich auch beliebig viele Schaltvorgänge zu logischen Gruppen zusammenfassen, so dass Sie zum Beispiel mit einem einzigen Tastendruck abends beim Heimkommen alle Verbraucher auf einer Etage in den gewünschten Zustand schalten. Und beim Zubettgehen tippe ich im Wohnzimmer auf die „Gute Nacht"-Taste, um auf einen Schlag alle Lichtquellen herunterzufahren.

Farbenfroh in den Tag

Den LEDnet Controller von SyncroTec verwende ich beim Übergang zwischen Haus und Garage, der im Obergeschoss Bad und Ankleide miteinander verbindet. Auf dem Weg zum Anziehen sieht man dort schon an der Farbstimmung der LEDs, welche Temperatur draußen herrscht. Mal sehen, vielleicht lasse ich mir besondere Tage kalendergesteuert auch in besonderem Licht erscheinen. Neuere LCN-Module seit 2014 haben vier Ausgänge zur Ansteuerung von Rot, Grün, Blau und Weiß – und erlauben damit das ganze Farbspektrum komfortabel einzustellen.

Die unsichtbaren Taster

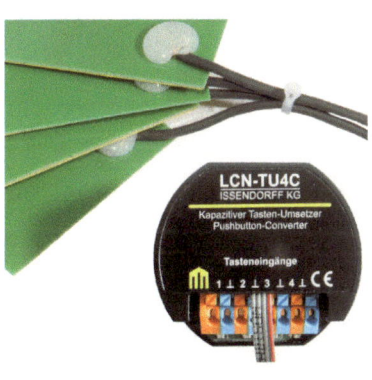

Eine besondere Art des Tasters ist der LCN-TU4C: Er ist unsichtbar! Genauer gesagt, lässt er sich unter Holz, Kunststoff und Glas bis 2,5 Zentimeter Dicke (Fliesen und Granitstein immerhin noch bis 2 Zentimeter Dicke) verbauen. Der TU4C besteht aus vier selbstklebenden Sensorflächen, die hinter elektrisch nicht leitfähigen Materialien angebracht werden. So lassen sich überall dort raffinierte Lösungen realisieren, wo man keine sichtbaren Schalter wünscht, zum Beispiel in einem exklusiven Bad – oder bei mir am gefliesten Boden meines Gartenhauses.

Mit Bewegung etwas bewegen

In Durchgangs-Räumen (Eingang, Flur, WC, Bad, Ankleide, Vorratskammer), in denen Sie sich in der Regel nur wenige Minuten aufhalten, können Sie den Bedienkomfort dadurch steigern, dass der Nutzer gar nichts bedienen muss. Es reicht seine bloße Anwesenheit, damit das Licht oder ähnliches angeht. Definieren Sie bei der Programmierung für jeden Raum, wie lange „kurz" heißt und lassen Sie danach wieder alles ausgehen – es sei denn, der Bewegungsmelder registriert immer noch einen Menschen in seinem Erfassungsbereich.

Wenn Helligkeit ins Spiel kommt

Der LCN-GBL ist ein Glas-Bewegungsmelder mit Lichtsensor. Das bedeutet, sein Design passt nicht nur hervorragend zu den Glastastern der LCN GT-Serie, sondern er kann Ihnen auch die Lichtverhältnisse am Bewegungsmelder erfassen.

In einem Flur mit viel Tageslicht macht es keinen Sinn, wenn das Licht bei Bewegung angeht, falls es draußen schon oder noch hell genug ist. Der Einschaltbefehl für Licht sollte also an die Bedingung geknüpft sein, dass Bewegung registriert und es gleichzeitig dunkel ist.

Vorsicht: Der Ausschaltbefehl sollte bedingungslos erfolgen, schließlich ist es ja in jedem Fall hell, wenn Sie ein Licht eingeschaltet haben. Ich lasse für diesen Fall mein Flurlicht in jedem Fall bei Bewegungsende ausschalten, auch wenn es vorher gar nicht an war.

Wenn die Augen müde sind

Und spätabends/nachts geht in meinem Flur nicht mehr die große Beleuchtung an, sondern nur noch ein kleines Licht. Ebenso schaltet die Beleuchtung im Bad nachts zwischen 22 und 6 Uhr auf Sparflamme – die Augen freuen sich darüber, und man wird nicht „hellwach", wie es so treffend heißt, wenn man nur mal kurz raus muss...

Kleiner, wirkungsvoller Schlüsselanhänger

Es gibt jedoch nicht nur Taster und Bewegungsmelder zum Auslösen von Funktionen. Damit zu der hochinteressanten Transponder-Lösung. Hier handelt es sich um Funk-Sender und –Empfänger, die auf der kostenlos und li-

zenzfrei nutzbaren Frequenz 868 MHz arbeiten. Der Transponder ist so groß wie ein Schlüssel-Anhänger und sendet ein kurzes Signal an die Empfangsstation, sobald er sich in dessen Reichweite begibt. Über den individuellen Transponder-Code identifiziert die Anlage, um welche Person es sich handelt. Der Nutzer ist mit diesem Vorgang überhaupt nicht befasst, d.h. er muss nicht einmal eine Taste drücken, geschweige denn den Transponder aus der Tasche nehmen. Das System kann etwa in Verbindung mit einem Bewegungsmelder feststellen, in welchem Bereich genau sich der Nutzer befindet und entsprechende vorher programmierte Aktionen auslösen, zum Beispiel das Licht im Eingangsbereich vor dem Haus aktivieren und innen in der Diele den Nutzer mit Licht und Musik begrüßen. Rein theoretisch könnte man auch die Haustüre öffnen lassen, wenn sie elektrisch betätigt werden kann.

Damit dies allerdings nicht versehentlich passieren kann, empfiehlt sich als zusätzliche Anforderung das Drücken einer Taste zum Beispiel an der Sprechanlage. Die Taste würde man so programmieren, dass sie für Dritte wirkungslos wäre und nur in Verbindung mit den berechtigten Transpondern im Erfassungsbereich zum Öffnen der Tür führt. Die Kopplung mit einem Bewegungsmelder ist deshalb wichtig, damit das System erkennen kann, ob sich der Nutzer außerhalb oder innerhalb des Gebäudes befindet. Gerade in diesem Teil der Programmierung, bei dem es sich um eine sicherheitsrelevante Anwendung handelt, muss besonders viel Zeit gesteckt werden, damit die Logik keine Lücken aufweist.

Der Transponder lässt sich vielseitig einsetzen. Vom Reinigungspersonal bis zu Freunden, die ein paar Tage zu Besuch sind. Bei der alleinigen Anwesenheit Dritter können bestimmte Funktionen eingeschränkt oder gar nicht funktionieren, wenn Sie das wünschen. Es gibt passive Transponder, die man an ein Lesegerät hält, dort kann auch ein gängiger Autoschlüssel eindeutig vom Bus erkannt werden.

Ich habe von einem Anwender gehört, der sich unter den Pflastersteinen vor seinem Hauseingang ein universelles Transponder-Lesegerät einbauen und das passende Gegenstück in seine Schuhe einarbeiten ließ. Tritt er auf die Fliese, öffnet sich auf geradezu magische Weise seine Haustüre. Seine Kinder erhielten präparierte Playmobil-Figuren, die ebenfalls Zugang zum Haus gewähren. Wenn ein Kind sein „Spielzeug" verliert, wird der passende Transpondercode einfach aus der Berechtigungsliste entfernt und damit wertlos. Hat früher ein Kind den Hausschlüssel verloren, dann war das in der Regel nicht nur ärgerlich, sondern auch kostspielig, vor allem wenn teure Sicherheitsschlösser ausgetauscht werden mussten.

Im gewerblichen Kontext wäre leicht realisierbar, dass der Rechner eines Mitarbeiters bereits hochfährt, sobald er das Gebäude betritt. Sein Transponder wird schon beim Eingang erkannt, und während er zu seinem Büro geht, sendet die Visualisierungssoftware LCN-GVS ein Netzwerkkommando, damit sein Rechner bereits hochgefahren ist, wenn sich der Mitarbeiter an seinen Schreibtisch setzt[15].

In einem Krankenhaus herrschen gestiegene Sicherheitsanforderungen. Wer darf in den OP? Wie ist der Zutritt zum Medikamentenzimmer gesichert? Auch hier erlauben Transponder eindeutige, praktische und hochsichere Lösungen. Je nach Funktion erhält ein Mitarbeiter zu bestimmten Räumen Zutritt oder nicht, manche Räume lassen sich nur durch zwei Berechtigte gleichzeitig öffnen – und andere Türen öffnen sich automatisch, wenn jemand ein Krankenbett durchschieben möchte.

Doch zurück zu meinem eigenen Hausprojekt.

Agent 007

2015 brachte LCN einen Fingerprintsensor auf den Markt, der an das Design der eleganten Glastaster angelehnt ist. Die biometrischen Daten des Fingers werden gespeichert und bekommen einen Transpondercode zugewiesen. Über die Gebäudevisualisierung kommunizieren alle Fingerprint-Sensoren in einer Anlage miteinander und tauschen die biometrischen Daten aus. So kann ein einmal gelernter Fingerabdruck weltweit innerhalb der gleichen An-

---

[15] Diese Funktion heißt „**Wake on Lan**", kurz WOL. Moderne PCs sind so ausgelegt, dass sie Netzwerkaktivität durch mehrfachen Aufruf der betroffenen MAC-Adresse registrieren und dann in Betriebsbereitschaft gehen. Voraussetzung ist, dass die Netzwerkkarte über den Standby-Stromzweig des Netzteils mit Strom versorgt wird, auch wenn der Computer ausgeschaltet ist. Ggfls. muss vorher im Power-Management des BIOS die richtige Option ausgewählt werden.

lage genutzt und mit Benutzerrechten verknüpft werden. Um hohe Sicherheitsstandards zu erfüllen, hat LCN eine Lebendfinger-Erkennung integriert

Der LCN-GFPS verwendet intern Transpondercodes und arbeitet ähnlich wie Fernbedienungen oder Transpondermodule. So ist es möglich, eine Eingangstür zu öffnen und das Gebäude in einen "Willkommensmodus" zu schalten, etwa Rollladen hochfahren, das Licht und Musik im Flur einschalten. Auf den Fingerabdruck einer Raumpflegerin hingegen würde helles Putzlicht in den Zonen aktiviert, für die sie zuständig ist.

Der magische Türknauf

Ich habe den gleichen Transponder für eine weitere Anwendung genutzt, und zwar beim gartenseitigen Eingang zur Garage. Sie kennen das: Gartenstiefel, Handschuhe, Eimer, Rasenmäher – um all dies heraus zu holen und wieder zurückzubringen, möchten Sie die Garage nicht ständig auf- und zusperren. So entsteht das Risiko, dass Sie letztlich irgendwann einmal vergessen, dass die Garage noch offen ist und so ein Fremder an Ihr Auto gelangen könnte. Auch hier wird das Transponder-Signal verwendet, um festzustellen, ob sich eine berechtigte Person im Erfassungsbereich befindet. Als zweite Bedingung für das Öffnen der elektrischen Garagentüre verwende ich einen kapazitiven Tastsensor. Hier hätte ich den LCN-TU4C verbauen können, der weiter oben beschrieben wurde.

Ich wollte jedoch an dieser prominenten Stelle einen "magischen Effekt" wie bei Harry Potter realisieren. Zugegeben, man gibt schon gerne bei Besuchern an mit einer LCN-Anlage. Daher haben wir den Türknauf als kapazitiven Tastsensor realisiert. Er registriert kleinste Veränderungen der elektrischen Kapazität und filtert solche Signale aus, die nicht auf das Annähern einer menschlichen Hand zurückzuführen sind, etwa Schnee oder Regen. Sie haben es richtig herausgelesen, für den Betrieb ist es nicht erforderlich, den Türknauf zu berühren, der elektrische Türöffner startet bereits beim Annähern – kurz vor der Berührung –, was den „magischen Effekt" natürlich steigert. An dieser Stelle ein besonderer Dank an meinen Vater, der auch für diese Sonderlösung viel Energie aufgewendet hat. Das Beispiel zeigt, wie offen LCN nicht nur für Drittlösungen, sondern auch für eigene Erweiterungen ist.

Viel Lärm für nichts

Es mag jeder selbst entscheiden, wie viel ihm ein Soundsystem fürs traute Heim wert ist. Ich hatte offen gestanden mit Blick aufs Budget schon Abstand von einer ins Haus integrierten Soundanlage genommen. Was es da alles gibt! In Wände eingebaute, hochwertige Lautsprecher, per Bluetooth drahtlos verbundene Endgeräte – bis hin zu einem Audio-System, dessen Komponenten wie Kunstwerke aussehen. LCN hat für Musikfreunde, die diesen hochwertigen Kunstgenuss schätzen, eine Audio-Kreuzschiene entwickelt. Das LCS-MRS hat acht Eingänge und 13 Ausgänge mit Equalizern. So kann man Radio, CD, MP3 Player, Fernseher anschließen. Bereits eingebaut ist ein Web-Radio, das mehr als 10.000 internationale Sender aller Genres glasklar empfängt. Sechs der Ausgänge besitzen 2x80 Watt Leistungsverstärker.

Das Multiroom-System bettet diese unzähligen Audiokanäle voll ins LCN-System ein. So kann man zum einen über beliebige Taster im Haus die Audioquellen und Ziellautsprecher miteinander verbinden und auch die Lautstärke regeln. Im Prinzip kann der Klang über Bewegungsmelder vom Wohnzimmer über den Flur ins Bad mitwandern. Oder beim Heimkommen erkennt LCN eine Person und spielt automatisch ihre Lieblingsmusik. Am Morgen ersetzt das LCN-MRS einen Radiowecker.

Was sich in einem Privathaus zugegeben wie Luxus anhört – und auch entsprechend kostet (denn mit dem MRS ist es ja noch nicht getan; vor allem die Endgeräte, die hochwertige Audioverkabelung und gute Lautsprecher in allen Räumen kosten gutes Geld) – ist für manche öffentliche Gebäude unverzichtbar. Denken Sie an Schulgebäude, Altenheime, Krankenhäuser, Büros oder Ladengeschäfte. Neben der Musikbeschallung kann dort auch eine Rundsprechfunktion über beliebige Lautsprechergruppen sinnvoll sein. Für öffentliche Gebäude sind mehrere LCN-MRS problemlos kaskadierbar.

Zurück zu meinem knappen Budget. Wobei: Mit zu wenig Geld ist das ähnlich wie mit zu wenig Zeit. Wenn einem etwas wirklich wichtig ist, hat man dafür schon Zeit (und auch Geld). Vielleicht liegt es ja auch an meinem Tinnitus und dem nicht ganz so ausgeprägten Kunst- und Kulturverstand, dass mir Top-Lautsprecher nie richtig wichtig waren. Doch nachträglich bin ich meinem besten Freund, einem Chefredakteur beim Hörfunk, immer noch sehr dankbar für sein Zureden („Du kannst doch kein Haus ohne Lautsprecher bauen!!!“).

Um eine lange Geschichte abzukürzen: Nach intensiven Recherchen in der Klangwelt bin ich zu einer äußerst preiswerten Lösung gekommen. Ich kaufte zehn weiße 8-Ohm-Deckenlautsprecher von Visaton mit einem Durchmesser von 10 Zentimeter, die mein Vater mit 18-W-Universalverstärkern von Kemo ausstattete. Die Stromversorgung jedes Lautsprechers ist über LCN-Relais geführt und per LCN-Tastendruck ein- und ausschaltbar. Pro Geschoss gibt es einen Audio-Einspeisepunkt beim Webradio (fernsteuerbar per App), an dem auch der TV-Ton oder Musik vom USB-Stick eingespeist werden können. Kosten für die gesamte Hardware: 650 Euro für zehn Lautsprecher, zehn Verstärker, zwei Relaisblöcke und zwei Webradios (Küche, Essen, Wohnen, Büro, Schlafen und Kaminzimmer). Viel Lärm für nichts? Im Ergebnis ist ein extrem gutes Preis/Leistungs-Verhältnis entstanden, und es hört sich gar nicht mal so schlecht an.

Gute Luft zum Schlafen

Als ich den LCN-CO2 Sensor zum ersten Mal in Betrieb nahm, machte ich ganz schön Augen. 1.200 ppm (parts per million) betrug das Messergebnis. Das heißt, auf eine Million Teilchen kamen 1.200 Teilchen – oder 0,12 Prozent – Kohlendioxid. Laut beigelegter Tabelle war das kein gutes Signal:

- Frischluft: ca. 380 ppm
- Hohe Raumluftqualität: < 400 ppm
- Mittlere Raumluftqualität: 400–600 ppm
- Mäßige Raumluftqualität: 600–1.000 ppm

- Niedrige Raumluftqualität: > 1.000 ppm
- Laut Umweltbundesamt wird ab einem CO_2-Wert von 2.000 ppm eindringlich empfohlen zu lüften.
- Nach der Gefahren-Stoff-Verordnung darf die maximale Arbeitsplatz-Konzentration von 5000 ppm nicht überschritten werden.

Ich hatte also niedrige Luftqualität in meinem Schlafzimmer und riss erst einmal vor Schreck alle Fenster auf. Nach gut 20 Minuten war alles im grünen Bereich. Sofort setzte ich mich hin und programmierte Schwellwerte.

- elektrische Fenster auf bei > 800 ppm
- Fenster wieder zu bei < 550 ppm

Als weitere Bedingungen führte ich ein:

- kein Lüften zwischen 22 Uhr und 8 Uhr, damit ich nicht vom Elektromotor geweckt werde
- kein Lüften bei Regen oder starkem Wind

Bei überschrittenem Schwellwert in der Nacht merkt sich LCN die Überschreitung bis die zeitliche Sperre wieder aufgehoben ist, es geht keine Information verloren. Fertig ist die kontrollierte Raumlüftung, für die ich andernorts viel Geld ausgegeben hätte.

Feucht-fröhliche Logik
fürs Bad

Nach dem Baden oder Du-
schen steigt der Feuchtigkeitsgehalt der Luft. Das
weiß jeder, der schon mal
ein Bad ohne Fenster sein
eigen nannte. Gerade in so
genannten Feuchträumen herrscht eine erhöhte Gefahr der Schimmelbildung. Deshalb ist regelmäßi-
ges Lüften so wichtig. Da man nach dem Duschen
aber alles andere lieber tut, als das Fenster aufzu-
reißen, weil man dann friert, habe ich mir auch dafür eine Automatik programmiert.

Den Einbaufeuchtesensor LCN-EFS kann man in den
Bewegungsmelder LCN-GBL oder in den Infrarot-
Empfänger LCN-GRT einbauen (beide Elemente
sind nur 6x6 cm groß). Alle fünf Minuten messe ich
den Feuchtigkeitsgehalt der Luft im Badezimmer
und vergleiche ihn mit dem Mittelwert der vergan-
genen Viertelstunde. Wird ein Anstieg um mehr als
5 Prozent registriert, deutet dies auf einen Duschvorgang hin. Mit gebotenem Abstand von 20 Minuten (der dem frisch Geduschten erlaubt, sich in aller
Ruhe abzutrocknen) wird das elektrische Badfens-
ter geöffnet, bis die Luftfeuchte sich wieder dem
Mittelwert genähert hat, der vor dem Duschvorgang
herrschte. In Abhängigkeit von der Außentemperatur ist das automatische Badlüften außerdem auf 30
bis 60 Minuten begrenzt.

Alle Wetter

Die Wetterstation von LCN bietet sehr viele Funktionen auf kleinem Raum. Sie kann den Sonnenstand ermitteln, Sturm und Regen melden, die Außentemperatur messen und holt die satellitengenaue Uhrzeit ins Haus. Issendorff empfiehlt, eine Montageposition zu wählen, an der die Sensoren Wind, Regen und Sonne ungehindert erfassen können. Es dürfen keine Konstruktionsteile über der Wetterstation angebracht sein, von denen noch Wasser auf den Regensensor tropfen kann. Außerdem sollte die Wetterstation nach Süden ausgerichtet werden.

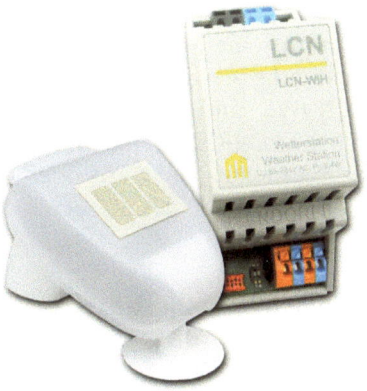

Für den Sonnenstand gibt es drei Fotozellen, die nach Westen, Süden und Osten ausgerichtet sind. Durch den Vergleich der Helligkeitswerte der drei Fotozellen wird deutlich, wo die Sonne gerade steht. In Verbindung mit dem Temperatursensor kann so eine kontrollierte Beschattung erfolgen. Ich habe Markisen in alle drei Richtungen vor großen durchgehenden Panoramafenstern und kann so einer Aufheizung gezielt entgegen wirken.

Der Wind wird in Meter pro Sekunde gemessen. Da man in der LCN-PRO leicht eine Rechenformel eingeben kann, nehme ich den gemessenen Wert mal 3,6 und zeige ihn auf einem Display in km/h an, weil mir das geläufiger ist. Wird der Wind zu stark, verzichte ich nicht nur auf die Lüftung, sondern fahre auch die Markisen ein.

Regnet es, werden die Markisen eingefahren und die Fenster geschlossen. Das geschieht zuverlässig, schon bevor die ersten Tropfen das Gesicht benetzen. In Kombination mit dem Temperatursensor unterscheide ich im Winter zwischen Regen und Schnee und gebe mir eine Meldung aufs Handy aus (zur Benachrichtigung verwende ich Ereignismelder in der LCN-GVS und lasse mich via Push-Nachricht durch die LCN-GVS App benachrichtigen). Sinkt die Temperatur auf Null Grad oder weniger, werte ich Niederschlag nach den Gesetzen der Physik als Schnee.

Die Katze auf dem heißen Blechdach ...

Diese „Schnee-Erkennung" (die natürlich bei gewissen Bodentemperaturen auch Blitzeisgefahr bedeuten könnte), hilft mir gleichzeitig dabei, das Relais zur Aktivierung der Dachrinnen-Heizung zu betätigen. Damit Sie mich nicht für einen Spinner halten (auch wenn die Gefahr bei einem Hightech-Freak in der Wahrnehmung der restlichen Bevölkerung ohnehin recht hoch ist), sei betont, dass nur ein Achtel meines rund 80 Meter langen Dachrinnensystems beheizt wird. Hier treffen verschiedene Dachpartien so aufeinander, dass im ungünstigen Fall Schneemassen von drei Seiten zusammen kommen. Wenn dann die Dachrinne vereist ist, lastet unter Umständen zu viel Gewicht auf den Glasvordächern, und vor allem würde die Fassade meines Holzhauses nass. Daher die Heizung!

Sobald die Temperatur unter Null fällt und gleichzeitig Niederschlag registriert wird, verfällt mein LCN-System in den Modus „Winter/Schnee". Dieser Modus wird über einen zweiten Schwellwert erst wieder aufgehoben, wenn eine Temperatur von 9 Grad über Null erreicht wird. Somit kann ich sicher gehen, dass es sich um eine Tag/Nacht-Schwankung handelt. Da ich zwei Dachrinnen-Heizungskreise habe, verwende ich einen periodischen Zeitgeber von LCN, der alle 60 Minuten ein Relais umschaltet und so die Kreise abwechselnd aktiviert.

Wärme aus der Erde

Für die Heizungssteuerung bietet LCN elektrothermische Stellantriebe, die die Heizkreise gezielt einzeln öffnen oder schließen. Der Stellantrieb betätigt das Ventil proportional zum Eingangssignal (0-10V), so dass alle in einem Raum gesteuerten Heizkreise die gleiche Heizleistung abgeben. Die Stellmechanik arbeitet mit einem PTC-beheizten Dehnstoffelement und einer Druckfeder. Das Dehnstoffelement wird durch Anlegen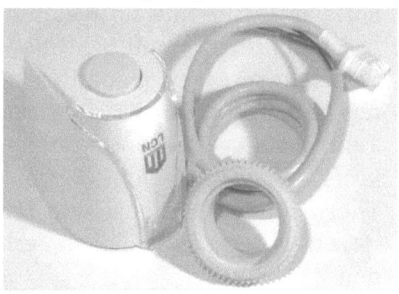

der Betriebsspannung beheizt, was den integrierten Stößel bewegt. Die so entstehende Kraft überträgt sich auf den Ventilstößel und öffnet bzw. schließt das Ventil. Das Auf- oder Absperren eines Heizkreises dauert drei Minuten. Der LCN-AVN besitzt eine Markierung auf dem Stößel, die im geöffneten Zustand sichtbar wird.

Standardmäßig werden diese Ventile über Relais angesteuert. Dann kann man die Funktion des Reglers im Modul nutzen, der je nach Heizungsart die jeweilige Trägheit berücksichtigt. So lässt sich eine Fußbodenheizung beispielsweise vor Erreichen der Zieltemperatur ausschalten, da die Heizwirkung wegen der großen Trägheit ohnehin noch nachläuft. Heizkörper dagegen wirken direkter.

Weil ich fürchtete, in meinem Holzhaus würde ich ständig das Klicken eines Relais hören, habe ich ein so genanntes Tableau-Modul eingesetzt, um die Heizung zu steuern. Das TL12H besitzt acht Eingänge für Taster und zwölf Ausgänge für LEDs. An den LED-Ausgängen sind Optotriacs angeschlossen, um zwischen den unterschiedlichen Spannungsebenen (Kleinspannung am TL12H und 230V am AVN) galvanisch zu trennen. Da die ins Modul integrierten Software-Regler nur für Relais ausgelegt sind, arbeite ich stattdessen mit Schwellwerten, die LEDs am TL12H ansteuern – jeden Heizkreis bilde ich mit einer LED ab (ist die LED an, wird geheizt). Damit die Temperatur geregelt werden kann, sollte pro Heizkreis oder zumindest pro Raum ein LCN-Thermometer verfügbar sein. Der Sollwert kann pro Heizkreis temporär oder dauerhaft verändert werden.

Ich verwende einen Niedrigst-Schwellwert zum Einschalten je Heizkreis und einen gewünschten Höchst-Schwellwert zum Abschalten der Heizung.

Im Sommer werte ich einen Ausgang meiner Geothermie-Anlage aus, der mir meldet, dass sie nun auf Kühlen umgestellt hat. Dann sperre ich die beiden Schwellwerte fürs Heizen und drehe die Logik durch Nutzen zweier weiterer Schwellwerte um: Nun wird die Fußboden-Kühlung bei einem Temperatur-Höchstwert aktiviert und beim gewünschten Niedrigstwert wieder deaktiviert.

Mit Sicherheit Geld sparen

LCN können Sie in einem Atemzug auch als Sicherheits- und Energiesparsystem verwenden. Bei Verlassen des Hauses genügt ein Blick auf das Display beim Ausgang, ob alle Fenster und Türen geschlossen sind. Im Idealfall sind alle Fenster und Türen mit Reed-Kontakten ausgerüstet, mindestens jedoch diejenigen im Erdgeschoss. Im Display lasse ich mir anzeigen, wo sich die offenen Fenster befinden, das erspart mit den Kontrollgang.

Erst danach kann ich meine Alarmanlage aktivieren – die mich keine zusätzlichen Komponenten oder Endgeräte gekostet hat, weil alle erforderlichen Sensoren schon vorhanden sind. Eine Minute später (wenn ich das Haus wirklich verlassen habe) ist alles scharf geschaltet. Jeder Bewegungsmelder, jeder Reed-Kontakt und ein paar weitere Sensoren, die ich an dieser Stelle mal bewusst verschweige, bilden zusammen ein Frühwarnsystem gegen Einbrecher. Der Alarmierungsweg ist natürlich redundant ausgelegt. Der leiseste Verdacht wird mir bereits als Push-Nachricht auf das Handy gemeldet. Über mehrere Webcams kann ich mir das Geschehen live ansehen, während diese außer Haus auf dem entfernten FTP-Server Fotos jeder Bewegung sicherstellen.

Noch eine Reihe weiterer Vorteile hat diese konsequente Programmierung des Status „Abwesenheit" per Knopfdruck: Die Effizienz steigt enorm. Die Heizung fährt auf Nachtabsenkung herunter. Die Lichter kann ich allesamt ausgehen lassen. Zur Kaschierung meiner Abwesenheit gehen hier und da zeitweise einzelne Lampen und Geräuschquellen an. Bei Wiedereintritt einer Person mit Transponder in den Erfassungsbereich wird die Alarmanlage nach bestimmten Regeln deaktiviert (die ich verständlicherweise nicht in diesem Buch beschreibe; es empfiehlt sich hier eine individuelle Festlegung).

Für die Errichtung von Einbruchmeldeanlagen[16] werden drei VdS-Klassen (A, B, C) zugrunde gelegt. LCN wird in die höchste Schutzklasse eingeteilt. Einbruchmeldeanlagen der Klasse C verfügen demnach über einen erhöhten Schutz gegen Überwindungsversuche im scharfen sowie im unscharfen Zustand und die Melder verfügen über eine erhöhte Ansprechempfindlichkeit. Laut Definition ist eine weitgehende Überwachung der sicherheitsrelevanten Funktionen vorhanden.

---

[16] Hier gilt die Richtlinie VdS 2311 der Prüfinstitution VdS, die dem Gesamtverband der Versicherungswirtschaft angehört

Man definiert üblicherweise mehrere Sicherheits-zonen. Befindet sich das Schlafzimmer im Oberge-schoss, macht es Sinn, dort in einem Voralarm un-gewöhnliche Sensor-Meldungen aus dem Erdge-schoss melden zu lassen.

Auf die Wäsche warten

Waschmaschine und Trockner sind in meinem Mus-terhaus über der Garage in einer Ankleide unterge-bracht, die vom Badezimmer im Obergeschoss auf einem kurzen Übergang erreichbar ist. Die beiden Steckdosen für diese Haushaltsgeräte habe ich ebenso wie zwei „Bügelsteckdosen" an einen binä-ren Stromsensor gehängt. Jeder Verbraucher ab 30 Watt wird vom LCN-BS4 zuverlässig erkannt (mi-nimaler Strom 120 mA, maximal 16 A).

Binärer Stromsensor heißt, dass es sich hier nicht um einen Strommengenzähler handelt, sondern dass als Ergebnis (in der Tastentabelle B1 bis B4) jeweils der Zustand ein- oder aus ausgegeben wird. Ist eines der beiden Haushaltsgeräte für mindestens 5 Minuten an gewesen, aktiviert sich der Benach-richtigungs-Modus, sobald das Gerät wieder aus ist. Dann ertönt ein Signal im Wohnzimmer, und im Display erscheint der von mir definierte Text „Waschmaschine fertig" oder „Trockner fertig".

Wer die Strommenge ermitteln will, verwendet ei-nen LCN-BU4L. Der Binärsensor kann nämlich auch als S0-Schnittstelle zum Stromzähler Ihres E-Werks betrieben werden. Der BU4L zählt in diesem Modus die Pulse an jedem der vier Eingänge getrennt und speichert sie dauerhaft ab. Gleichzeitig wird der

Momentanverbrauch ermittelt und kann über die Visualisierungs-Software oder an einem Glastaster mit Display angezeigt werden. Die Verbrauchswerte werden in vier Variablen abgelegt und stehen für Schwellwerte und Regler zur Verfügung, zu Beispiel zur Spitzenlast-Kontrolle – oder, um eine Meldung auszugeben, ob der selbst erzeugte Solarstrom größer oder kleiner ist als der aktuelle Stromverbrauch im Haus. Ein BU4L mit vier Zählern kostet deutlich unter 100 Euro (zum Vergleich: Ein einziger KNX Energiezähler kostet bis zu 300 Euro).

Sprachgewandt

Die Glastastaster mit Farbdisplay (GT4D und GT10D) unterstützt acht Sprachen, von Deutsch und Englisch über Französisch und Russisch bis hin zu Arabisch. Dies ist eindrucksvoller Beleg für den internationalen Erfolg des niedersächsischen Anbieters. Sprachumschaltungen sind wohl für Häuser mit internationalen Gästen besonders wichtig, etwa Privatkliniken oder Hotels.

Doch auch wir können uns die Sprachgewandtheit von LCN zu nutze machen. Um einen bestimmten Umstand anzuzeigen, kann man einfach das Display in einen anderen Sprachmodus umschalten. Dabei wird der dort hinterlegte Text angezeigt (er muss nicht in einer fremden Sprache geschrieben sein).

Diese Möglichkeit habe ich in zwei der oben beschriebenen Beispiele verwendet (für die Alarm- und Effizienzsteuerung, um im Klartext anzuzeigen, in welchen Räumen noch Fenster geöffnet sind, und für den Haushaltsgeräte-Stromsensor, um anzuzeigen, ob die Waschmaschine oder der Trockner inzwischen fertig ist).

Fremde herzlich willkommen

Ein noch so gutes System kommt dann zu einer Nagelprobe, wenn es darum geht, wie sehr es sich gegenüber Fremdsystemen öffnet. Je höher die Kompatibilität, desto flexibler ist der Nutzer, wenn er vorhandene Systeme integrieren möchte.
LCN ist mit vielen KNX-Tastern kompatibel, hat ein Empfängermodul für Infrarot-Kommandos und ebenso eines für Enocean-Befehle ins Sortiment aufgenommen. Letzteres könnte man benötigen, wenn man bei der Installation an einer Stelle einen Taster vergessen hat, an der kein fünfpoliges Stromkabel verlegt ist.

Da der Enocean-Taster (wie weiter oben beschrieben) durch den Tastendruck gerade so viel Strom produziert, wie er zum Absenden des Signals benötigt, ist er völlig autark an jede beliebige Stelle nachträglich anbringbar. Interessant wären noch Sendemodule für Funksteckdosen, wenn man leider nachträglich erkannt hat, dass man die eine oder andere Steckdose schaltbar machen will. Das wäre eine sinnvolle Erweiterung von LCN.

Ansonsten lassen sich Drittsysteme bereits sehr gut anbinden. So lässt sich ein Gebäude steuern, in dem LCN, LON und KNX parallel installiert sind. Dazu kann die Visualisierungssoftware LCN-GVS alle LCN-Datenpunkte als ModBus, BACnet oder OPC Datenpunkt dem Fremd-System zur Verfügung stellen.

Fernsteuern und Visualisieren

Alles, wirklich alles, was Sie zu Hause mit dem Bus steuern können, haben Sie auch unterwegs im Griff. Die Parametrierung der Module lässt sich über das (für den privaten Gebrauch) kostenlose Rechner-Fernsteuerungs" an dem Rechner ausführen, auf dem gerade die Software LCN-PRO läuft. Teamviewer deshalb, weil sie wahrscheinlich dort, wo der Rechner mit Kopplung an den LCN-Bus steht, keinen so angenehmen Arbeitsplatz haben. Das gilt allerdings nur für die Einrichtungsphase bzw. wenn Ihnen etwas Neues eingefallen ist, dass Sie an den Modulen einstellen möchten.

Viel häufiger jedoch werden Sie aus der Ferne mit dem Globalen Visualisierungssystem LCN-GVS arbeiten wollen. Es erlaubt Ihnen, über PC, Tablet oder Smartphone von jedem Ort der Welt Messwerte aus Ihrem Haus abzurufen oder beliebige Schaltimpulse zu geben.

Anwendungsfälle könnten beispielsweise sein:

- einen Herd ausschalten, wenn es mit dem Heimkommen doch später wird als gedacht (hierzu löst bei mir ein Relais den Sicherungs-Automaten aus, auf dem der Elektroherd liegt).
- die Heizung/Kühlung regeln
- Licht ein- oder ausschalten
- jemandem aus der Ferne die Haustüre öffnen
- und alles was man über Relais oder Schaltausgänge noch aktivieren oder deaktivieren kann

Je nach Kundenwunsch lassen sich unterschiedlichste Visualisierungen realisieren, zum Beispiel eine tabellarische Oberfläche mit Text und Symbolen als Schaltflächen. Ende 2016 hat LCN seinen Kunden zu Weihnachten ein Update der LCN-GVS geschenkt, das aus den Parametern vom Bus und Ihren in der LCN-PRO hinterlegten Kommentaren (wie „Licht WoZi") beinahe automatisch eine solche tabellarische Oberfläche generiert. Damit aus der Fernsteuerung kein Blindflug wird, meldet der Bus den Zustand der Aktoren und Sensoren laufend zurück, was sie mit einer umfangreichen Bibliothek an Statussymbolen visualisieren können (Licht ein oder aus, Heizkreis aktiv oder nicht, Bewegungsmelder an oder aus).

Gut geeignet sind auch Grundrisse des Hauses, auf denen die Schaltflächen angebracht werden können. Wer dagegen mit zweidimensionalen Bauplänen nichts anfangen kann, kann auch Fotos der einzelnen Räume samt der Einrichtung integrieren lassen. Tableaus mit häufig genutzten Funktionen lassen sich auf Favoritenplätze legen.

Die LCN-GVS spielt auch mit der Websiten-Steuerung SOAP[17] zusammen. So können Informationen aus der GVS auf einer Website im Intranet dargestellt werden – etwa eine Anwesenheitsübersicht von Mitarbeitern. Umgekehrt können auch Daten im SOAP-Standard zu Kommandos der Bussteuerung umgewandelt werden.

Auch andere Informationen wie zum Beispiel der lokale Wetterbericht oder die Lottozahlen können aus dem Internet bezogen und in die Gebäudevisualisierung einbezogen werden. Viele Websites bieten einen HTML-Quelltext an, so dass die Information in eine Unterseite der Haussteuerung integriert werden kann. Mit wenigen Klicks lässt sich auch eine Webcam in der GVS-Visualisierung darstellen.

---

[17] **SOAP** ist ein Netzwerkprotokoll, das Mitte der 1990er Jahre als Simple Object Access Protokoll vom World Wide Web Consortium W3C als Industrieller Standard zum Austausch von Daten zwischen Systemen definiert wurde.

Blick in die Zukunft

enn Sie mich nach einem Fazit fragen: Ich glaube nicht, dass die Menschheit wirklich auf den viel zitierten Kühlschrank wartet, der den Milch- und Joghurt-Verbrauch überwacht und uns eines Tages das Einkaufen abnimmt. Wobei ich mir das für Standardprodukte für mich persönlich durchaus vorstellen könnte. Wohl aber wünschen sich viele Verbraucher mehr Lebensqualität, ein angenehmes Lebensumfeld, ohne Freiheit zu verlieren oder gar bevormundet zu werden. Das ‚intelligente Zuhause‘, von dem wir alle träumen, muss daher intuitiv sein. Wenn ich auf das Haus zugehe und gerade keine Hände frei habe, weil ich das Eingekaufte trage, dann soll sich eine Tür automatisch öffnen. Das System soll meine Verhaltensmuster erkennen und mit künstlicher Intelligenz darauf reagieren, ja auch jeden Tag dazu lernen. Eventuell binden wir das Smartphone für diese Aktivitätsanalyse ein? Wann verlassen wir das Haus, wann kommen wir in der Regel zurück, welche Geräte benutzen wir in welcher Reihenfolge usw. Das von vielen gefürchtete Big Data kann auch segensreich sein. Der steigende Elektronisierungsgrad trägt in jedem Fall dazu bei, Grenzen in den Berufsbildern zu überschreiten. Elektriker werden zu Informationstechnikern und zu Klimatechnikern. Pfiffige Installateure werden sich weiterbilden und sich anschließend mit Technik und Software ausstatten lassen, die sehr einfach zu handhaben ist.

Nachhaltigkeit wird eine wesentliche Funktion im intelligenten Haus. Mit einer bedarfsgerechten Steuerung von Heizungsanlagen lässt sich sehr viel Geld sparen. Deshalb würde es sehr viel Sinn ergeben, die Heizung und Warmwasserbereitung nicht mehr über die gelieferte Steuerung, sondern über LCN zu regeln. Ohne Komforteinbuße lassen sich auf Anhieb 10 bis 15 Prozent Energiekosten sparen. Die konventionelle Warmwasserbereitung lässt die Anlage kontinuierlich durchlaufen. Der Kessel heizt den Wärmetauscher auf, kühlt wieder runter, muss nachheizen, und das Tag und Nacht. Die erste Maßnahme wäre, das System nachts abzuschalten und per Stoßheizung zu arbeiten. Alleine bewusstes Lüften würde viel ändern. In Gebäuden, die von öffentlicher Hand unterhalten werden, wird oft mit offenem Fenster geheizt. Fenstersensoren schaffen hier mit wenig Aufwand Abhilfe. Momentanem Kälteempfinden kann man dank LCN mit einer temporären Temperaturerhöhung begegnen – nach einer halben Stunde schaltet die Heizung wieder auf Normaltemperatur zurück.

Denken wir auch an den demographischen Wandel. Bustechnik kann Einschränkungen im Alter überwinden helfen. Wir haben doch alle den Wunsch, möglichst lange selbständig zu bleiben.

Unterm Strich darf man keine Wunder, doch eine sehr dynamische Entwicklung erwarten. Das Mensch-Maschine-Interface ist die größte Herausforderung. Je leichter die Interaktion zwischen Mensch und Technik ist, desto angenehmer wird es für den Benutzer.

LCN automation solution center

Gerne gebe ich das gesammelte Wissen weiter. Dazu habe ich im Landkreis Pfaffenhofen an der Ilm ein LCN automation solution center gegründet. Das befindet sich auf halber Strecke zwischen München und Nürnberg direkt an der Autobahn A 9, so dass Elektro-Betriebe und private Auftraggeber im Dreieck zwischen Ober- und Niederbayern sowie der Oberpfalz in uns persönliche Ansprechpartner für die Umsetzung eines Projekts haben.

In unserem Musterhaus kann man sich über Einsatzmöglichkeiten der meisten in diesem Buch beschriebenen Anwendungsgebiete im Live-Einsatz informieren und bei Bedarf auch die Parametrierung von Bus und Oberfläche beauftragen. Einige Elektrofachbetriebe konzentrieren sich gerne auf die Hardware und holen sich für die Software-Einrichtung Hilfe. Das ist eine perfekte Synergie!

Bei Bedarf vermittle ich Ihnen gerne Ansprechpartner in Ihrer Region. Kontaktinformationen finden Sie unter www.traumvomzuhause.de

Im nächsten Band – den ich im Winter 2018/19 fertigstellen will – finden Sie konkrete Programmierbeispiele mit Schritt-für-Schritt Anleitungen.

Stichwortverzeichnis